# Schwierige KundenTypen

Erfolgsrezepte für eine zielführende Kommunikation
in Business und Privatleben

www.kunden-typen.de

| | |
|---|---|
| Umschlag, Illustrationen: | Manfred Schmidt, www.marketing-handy.de |
| DTP, Layout: | Daniel Kunkel, www.grafikdesign-kunkel.de |
| Bildrechte: | www.istockphoto.com, www.shutterstock.com, www.fotolia.com, www.pixabay.com |
| Lektorat, Korrektorat: | Dr. Ingrid Hartmann-Ladendorf, Ilonka Lütjen |

Verlag & Druck: tredition GmbH, Hamburg

ISBN

| | |
|---|---|
| Paperback | 978-3-7439-4021-5 |
| Hardcover | 978-3-7439-4022-2 |
| e-Book | 978-3-7439-4023-9 |

## Autorin

lIonka Lütjen. Sie arbeitet als Beraterin, Trainerin und Personal Coach sowohl für Unternehmen, als auch für Privatpersonen. Sie war selber im Außendienst tätig, hat einen Vertrieb geleitet und arbeitete anschließend bundesweit als Vertriebstrainerin. Inzwischen finden die Termine größtenteils in ihren eigenen Räumlichkeiten, telefonisch oder online statt. Auch bei Online Seminaren gibt sie regelmäßig ihr Wissen weiter. Sie wohnt in Wiesbaden.

## Schwerpunkt ihrer Tätigkeit sind die Themen:

- Coaching für Menschen und Unternehmen
- Umgang mit schwierigen Situationen
- Kommunikation mit schwierigen KundenTypen
- Bewerbungsgespräche vorbereiten und führen
- Coaching Ausbildungen in Kleingruppen
- Energetische Arbeit

# Inhalt



## Teil I Leseteil

## Vorwort

Ein erster Blick in das Buch über schwierige Menschen lässt einen bereits schmunzeln: Den Typen kenne ich doch, über diesen Charakter habe ich mich auch schon aufgeregt – und wo finde ich mich vielleicht wieder.

Ilonka Lütjen liefert lebendige und sehr treffende Beschreibungen wirklich vieler verschiedener – auch schwieriger Typen – und man merkt, dass sie sie aus eigener Erfahrung als Vertriebstrainerin und Personal Coach kennt. In dieser Funktion haben wir sie in unserem Unternehmen kennen und schätzen gelernt und von ihren Tipps profitiert, wie mit den skizzierten Typen am besten umzugehen ist, was sie brauchen und was wir ihnen geben können. In ihrem Buch hat sie nun ihren gesammelten Erfahrungsschatz systematisch und übersichtlich zusammengetragen.

Eine ebenso amüsante wie hilfreiche Lektüre, die das Verhalten schwieriger Gesprächspartner analysiert und den Umgang mit ihnen erleichtert, unabhängig davon, ob es sich um Kunden, Chefs, Kollegen oder Menschen aus dem privaten Umfeld handelt.

Das Buch wartet aber nicht nur mit sachdienlichen Hinweisen auf, sondern enthält auch einen Arbeitsteil, das sogenannte Workbook. Es bietet Raum für eigene Beobachtungen und Strategien im Umgang mit den einzelnen Typen. In dieser Doppelfunktion ist der Ratgeber ein interessantes Kompendium von Lebensweisheit und Menschenkenntnis, nicht nur der Autorin. Ich persönlich freue mich auf weitere Werke von ihr.

**Markus Hartmann**

Geschäftsführender Gesellschafter
SyroCon Consulting GmbH

## Anmerkungen

„Das soll funktionieren?"

Die beschriebene Vorgehensweise habe ich getestet, im Außendienst, beim Umgang mit Mitarbeitern und in meiner eigenen Praxis als Personal Coach.

Bisher habe ich diese Handlungsweise bei meinen Kunden und in Webinaren weitergegeben. Auch andere Menschen haben meine Theorie in der Praxis umgesetzt. Trainingsteilnehmer sagten, dass es plötzlich viel weniger schwierige Gespräche gab, nachdem sie wussten, wie sie mit den einzelnen Typen umgehen können. In diesem Buch karikiere ich die einzelnen Typen. Ich übertreibe also bei der Beschreibung ein bisschen. Dadurch lassen sich diese leichter erkennen.

Das Vorgehen, das in diesem Buch beschrieben ist, ist strukturiert und gut zu merken. Vielleicht ist die Vorgehensweise deshalb erfolgreich. Vielleicht auch für Sie!

Testen Sie selbst!

Ganz persönliche Gedanken, Anmerkungen und Erklärungen lesen Sie in solch einem grauen Kasten.

Im Text wurde die Formulierung: „Was sagt Ihre Gesprächspartnerin/Ihr Gesprächspartner" durch das Wort „er" ersetzt. Das „er" steht für Typus und ist keine Diskriminierung von Frauen. Die verwendete Sprachform dient nur der leichteren Lesbarkeit und schließt immer auch das andere Geschlecht mit ein.

## Stellen Sie sich bitte diese drei Fragen, wenn Sie ein (schwieriges) Gespräch führen:

**1. Was für ein Typ ist er?**
Welcher Typ ist Ihr Gesprächspartner?
Sicherlich gibt es mehr unterschiedliche Typen als die 35, die in diesem Buch beschrieben werden. Es sind allerdings die Wichtigsten - wie ich finde.

**2. Was braucht er?**
Damit ist natürlich nicht die Frage gemeint, ob er ein Croissant, einen Apfel oder Süssigkeiten braucht. Es geht um die Frage, welches Verhalten wichtig für ihn ist. Wie er möchte, dass mit ihm umgegangen wird. Welche Zuwendung er braucht.

**3. Was kann ich in der momentanen Situation tun?**
Manchmal haben Sie vielleicht ganz wundervolle und sehr kreative Ideen, wie Sie sich in dieser speziellen Situation verhalten könnten. Aber bitte überlegen Sie sich auch, welches Verhalten sowohl realistisch als auch klug und zielführend ist.

Wie ich festgestellt habe, gibt es einen Zusammenhang zwischen der Lebenssituation des Verkäufers und dem Verhalten, das Kunden bei ihm persönlich zeigen. Den gleichen Zusammenhang gibt es auch zwischen anderen Gesprächspartnern. Für eine bekannte Situation hat der Verkäufer intuitiv viel mehr Verständnis.

Meiner persönlichen Definition nach verkaufen wir auch dann, wenn wir unserem Partner erklären, warum wir besser in das eine Restaurant gehen und nicht in das andere. Die Prinzipien des überzeugenden Gesprächs aber sind gleich. Es gilt herauszufinden, was den anderen motiviert oder welchen Leidensdruck er hat, ihm zu ermöglichen, das zu bekommen, was er braucht und das Ganze noch mit den eigenen Interessen zu verbinden. Voila! Das ist Verkaufen.

Ausschlaggebend für das Gespräch mit schwierigen Typen ist Ihr eigener Charakter. Ein Charakter, den Sie entweder als Herausforderung annehmen oder als unveränderliche Tatsache empfinden. Völlig normal ist es, dass Sie für den schwierigen Typ viel mehr Verständnis haben, dessen charakterliche Ausprägung Sie von sich selber gut kennen. Jeder von uns trägt die beschriebenen Ausprägungen der Persönlichkeit in sich! Einige dieser Ausprägungen werden Sie besonders gut kennen, einige davon gar nicht und andere nur zeitweise.

Für die eigene Selbsterkenntnis kann es sehr hilfreich sein zu schauen, ob sich im eigenen Leben bestimmte schwierige Typen häufen. Die Frage ist dann, in wie weit die Themen, die hinter deren Verhalten stecken, mit Ihnen persönlich zu tun haben.

## Sie kennen wahrscheinlich den Spruch:

**„Ein Bild sagt mehr als 1000 Worte"**

Aus diesem Grund ist jedem Typus eine aussagefähige Illustration vorangestellt.

## Anleitung zum Arbeiten mit dem Buch

Liebe Leserin, lieber Leser,

dieses Buch ergänzt das Webinar und den Workshop „Kunden und andere schwierige Typen" und ist unterteilt in einen Lese-Teil und einen reinen Arbeitsteil. Sie können beide unabhängig voneinander nutzen.

Im Arbeitsteil, dem persönlichen Workbook, sind alle Typen aus dem Lese-Teil noch einmal gesammelt und Sie haben viel Platz für Notizen, um Ihre ganz eigene Vorgehensweise festzulegen. Auch die Situationen, in denen Sie diese Menschen getroffen haben oder noch treffen werden, können Sie so viel einfacher reflektieren.

Damit der Umgang mit dem Workbook, sowohl für die Leser des gedruckten Buches als auch für eBook-Leser einfach funktioniert, lesen Sie an dieser Stelle eine kurze Anleitung:

1. In der **Printausgabe** ist das Workbook seitenverkehrt eingefügt. Wenn Sie das Buch einfach umdrehen und „von hinten" anfangen, können Sie Ihre Notizen direkt ins Buch schreiben.

   Wenn Sie nicht ins Buch schreiben mögen oder das eBook lesen, können Sie sich das Workbook über den Link www.kunden-typen.de/wbk18-06.html herunterladen, ausdrucken und anschließend die Fragen direkt auf dem Ausdruck beantworten.

1. Wenn Sie das eBook lesen, dann können Sie direkt am PC die freien Zeilen im Workbook ausfüllen. Sollte das bei Ihnen aus technischen Gründen nicht funktionieren, dann klicken Sie auf den Link www.kunden-typen.de/wbk18-06.html, um das Workbook aufzurufen. Danach werden Sie automatisch zum Download auf die Homepage von Busicoach weitergeleitet.

Viel Freude beim Lesen und Arbeiten

Ihre Ilonka Lütjen

# Teil I

## **Leseteil**

## 1. Der Ängstliche

**Was für ein Typ ist er?**

- Er hat Angst. Angst vor allem!
- Angst vor etwas Konkretem, wie einer Spinne, einem Menschen, einer bestimmten Aufgabe, oder ....
- eine unbestimmte Angst.
- Logische Argumente und der Hinweis, warum er keine Angst zu haben braucht, helfen ihm nicht! Er kann nicht aufhören, Angst zu haben.

**Was braucht er?**

- Er braucht Sicherheit und Zuversicht.
- Sicherheit, dass er es schaffen kann, Sie zu ihm halten und ihn unterstützen werden. Wenn Sie das wollen!
- Lob und Vertrauen sind zusätzlich wichtig, da er sich beides nicht selber geben kann.
- Vielleicht braucht er Hilfe von jemandem, dessen Profession es ist, mit ängstlichen Menschen zu arbeiten (z.B. einen Therapeuten).

**Das können Sie in der momentanen Situation tun.**

- Bitte helfen Sie ihm, seine eigenen Fertigkeiten zu entdecken.
- Machen Sie ihm Mut!
- Wenn er allerdings nicht will, dann will er nicht. **Bitte lassen Sie dann los!**
- Fragen Sie ihn, welche Unterstützung er sich von Ihnen wünscht.
- Wissen Sie bitte, dass die Voraussetzung für eine Verhaltensänderung in **seiner** Bereitschaft liegt und unabhängig ist von Ihrem Tun!

Sie, liebe Leserin/lieber Leser, treffen für sich die Entscheidung, ob Sie ihm die notwendige Unterstützung geben können und/oder wollen!

## 2. Der Aggressive

**Was für ein Typ ist er?**

- Jedes Gespräch, das er führt, empfindet er als Kampf!
- Erfolg zu haben bedeutet für ihn, seinen Gesprächspartner zu demütigen.
- Oft redet er unkontrolliert und aggressiv.
- Seine Argumentation ist gelegentlich unlogisch und stattdessen sehr emotional.
- Oft schreit er mehr, als dass er spricht.

**Was braucht er?**

- Er will sich abreagieren und braucht dafür den ernst zu nehmenden Widersacher. Keinen Verlierer!
- Sein Gesprächspartner soll ruhig bleiben und die Angriffswelle abwarten.
- Sobald er sich „ausgetobt" hat, ist der Aggressive **vielleicht** offen für Angebote und Vorschläge! Zuerst aber muss er sich auszutoben. Das braucht er.
- Grenzen braucht er auf jeden Fall! **Sie** brauchen es auch, ihm Grenzen zu setzen.

Mit Grenzen meine ich, dass Sie dem Gesprächspartner sehr verständlich und früh genug sagen, was Sie tun und akzeptieren werden und was nicht. Es bedeutetet, dass Sie zu sich JA sagen und Unpassendes mit einem NEIN ablehnen: z.B. „Herr/Frau ...., wenn Sie weiterhin in dieser Art und Weise mit mir sprechen, dann werde ich unser Gespräch beenden!"

**Das können Sie in der momentanen Situation tun.**

- Vertreten Sie Ihre Grenzen! Begründen müssen Sie diese nicht! Sie können es aber tun, wenn es Ihnen wichtig ist.
- Den Aggressiven bitte ausreden lassen!
- Danach machen Sie ihm ein betont ernstes Angebot: „Nur ganz speziell für Ihn!"
- Bitte bleiben Sie selber ruhig, auch wenn das manchmal schwer fällt!
- Nutzen Sie eine Verständnisformel wie z.B. „Das kann ich gut nachvollziehen!"

Falls Sie **Verständnisformeln** nicht kennen:
Es bedeutet, dass Sie ihrem Gesprächspartner verbal Ihr Verständnis für SEINE Sicht der Dinge übermitteln – auch wenn Sie persönlich kein Verständnis für seine Situation haben. Wenn Sie das tun, kann Ihr Gesprächspartner damit aufhören, Ihnen immer wieder das Gleiche zu erzählen. Oft wiederholen Menschen ständig ihre Aussage in der Hoffnung, dass der Gesprächspartner sie dann endlich versteht und / oder das tut, was sie wollen!

Nach einer Verständnisformel geht es weiter und Sie sagen z.B. so etwas wie: „Frau / Herr…., lassen Sie uns gemeinsam herausfinden, welche Lösung es gibt."

Sollte es allerdings keine Lösung geben und Sie wissen das bereits vor Ihrer Ankündigung, dann können Sie zumindest danach suchen und nach der vergeblichen Suche Ihrem Gesprächspartner mitteilen, dass es keine Lösung gibt, die ihm gefällt. Manche Aggressive beruhigt das, weil **Sie** sich um **seine** Belange gekümmert haben.

## 3. Der Angeber

Natürlich gibt es auch Angeber, die anders aussehen. Sie tragen Maßanzüge und keine dicke Goldkette oder Sonnenbrillen im Winter.

**Was für ein Typ ist er?**

- Wahrscheinlich kennen Sie diesen Typus auch aus der Sparkassenwerbung: Zwei Männer sitzen sich am Tisch gegenüber. Der eine legt Fotos wie Spielkarten auf den Tisch zwischen ihnen. Seine erklärenden Worte: „Mein Haus, mein Auto, mein Boot!"
- Dieser Typ zeigt ein geringschätziges Lächeln und unterstreicht seine Worte mit übertriebenen Gesten.
- Gerne bringt er den Verkäufer / seinen Gesprächspartner auf die Palme.
- Oft trägt er teuren Schmuck, teure Kleidung, wohnt luxuriös und fährt einen hochpreisigen Wagen. Manchmal allerdings ist alles nur auf Raten gekauft.
- Sein Selbstverständnis: „Ich bin der Tollste!" Andere behandelt er mit Geringschätzung.

Wäre er wirklich so toll und wüsste um diese Tatsache, dann müsste er sich nicht so aufführen! Das aber ist ein anderes Thema.

**Was braucht er?**

- Er braucht Lob und klare Aussagen!
- Nur ernst gemeintes Lob allerdings! Lügen bemerkt er meistens sofort.
- Er will von jemandem ernst genommen werden, den ER selber ernst nehmen kann!
- Er möchte, trotz seines Verhaltens, akzeptiert werden. Sein Verhalten als Angeber ist vielleicht nur eine Fassade, hinter der er sich versteckt.

**Das können Sie in der momentanen Situation tun.**

- Nur Recht geben, wenn er Recht hat! Nicht nach dem Mund reden. Bitte schmeicheln Sie nicht grundlos. Das merkt er und Sie persönlich fühlen sich damit wahrscheinlich unwohl.
- Sagen Sie ihm, wie sehr Sie ihn bewundern, wenn es so ist. Suchen Sie sich etwas heraus, was er wirklich gut gemacht hat. Wenn es nichts gibt, dann schweigen Sie.

Wenn Sie mit einem Kunden zusammen sitzen, können Sie sich während des Gesprächs in einer Mappe / in einem Buch Notizen machen. Dadurch können Sie sich seine Argumentation gut merken und wissen auch später noch, was ihm wichtig ist. Zusätzlich sieht das professionell aus. Bitte holen Sie allerdings vor Beginn des Gesprächs die Erlaubnis für dieses Tun ein! Bei einem telefonischen Kontakt funktioniert das sogar noch einfacher.

Am Verkaufstresen und / oder im Einzelhandel klappt das natürlich nicht. Auch nicht beim Gespräch mit dem Nachbarn

- Was Sie allerdings zu Ihrem Gesprächspartner sagen können: „Da habe ich genau das Richtige für Sie!“ und begründen die Aussage mit **seinen** Argumenten.
- Nicht diskutieren! Es kann zwar sein, dass Sie die Diskussion gewinnen, den Kunden oder die Sympathie Ihres Gesprächspartners aber verlieren. Wenn Sie das unbedingt wollen, gibt es andere, elegantere Möglichkeiten, um das zu erreichen.

## 4. Der Arrogante

Der Arrogante muss natürlich kein Polizist sein. Die hier gezeigte Körperhaltung ist allerdings typisch für einen Arroganten: Verschränkte Arme.

**Was für ein Typ ist er?**

- Er wirkt eingebildet und überheblich. Gerne stellt er seine vermeintliche Überlegenheit zur Schau.
- Das Selbstbild, das er nach außen kommuniziert: „Ich bin wertvoller, als alle anderen!“
- Oftmals bleibt er allein, weil kaum jemand mit ihm seine Zeit verbringen möchte.
- Manchmal allerdings gibt es auch einen großen Unterschied zwischen seinem Verhalten nach außen und seinem Verhalten im Privatleben zum Partner, Freunden und Bekannten.
- Anderen gegenüber verhält er sich oft verletzend. Vielleicht ohne es zu merken!

**Was braucht er?**

- Er braucht Wertschätzung, die ernst gemeint ist!
- Er braucht Bewunderung von anderen.

- Sich diese selbst zu geben, reicht ihm nicht oder er kann es nicht.
- Ihre Bewunderung braucht er also dringend! Wobei er sich das nicht eingestehen wird.
- Er braucht zusätzlich Ablenkung, vielleicht Ablenkung von seinem eigenen Leben.

**Das können Sie in der momentanen Situation tun.**

- Geben Sie ihm die Möglichkeit sich darzustellen.
- Nehmen Sie ihn ernst!
- Denken Sie daran: Sie sind wertvoll und von **ihm** unabhängig!!
- Setzen Sie Ihre Grenzen!
- Sagen Sie ihm, was Sie erlauben werden, und was nicht.

## 5. Der Bedächtige

**Was für ein Typ ist er?**

- Er wählt seine Worte und seine Taten mit Bedacht. Zumindest meistens.
- Er wartet darauf, dass er die richtige Eingebung bekommt, wie bei einem

**Trichter**. Auch sein Gefühl zu dem Thema und der Zeitpunkt müssen für ihn passend sein.

- Oft ist er sehr kreativ.
- Allerdings ist er auch kreativ mit der Zeit oder Abgabeterminen, unpünktlich also.
- Er schafft alles noch, irgendwie. Meist auf den „letzten Drücker."

**Was braucht er?**

- Freiheit und Freiraum sind für ihn sehr wichtig. Nur dann kann sich seine Kreativität entfalten. Auf „Knopfdruck" funktioniert das nicht!
- Geben Sie ihm liebevolles Verständnis und Unterstützung. Begegnen Sie ihm mit Humor. Manchmal kann er über sich lachen. Aber nur manchmal!

**Das können Sie in der momentanen Situation tun.**

- Loslassen!
- Wenn Sie drängen, macht er dicht und schlägt verbal um sich. Das ist reiner Selbsterhaltungstrieb.
- Sie können versuchen, ihn vor unangenehmen Auswirkungen seines Handelns zu bewahren. Es ist aber nur ein Versuch!
- Wenn sein Verhalten Auswirkungen auf Sie selber hat, müssen Sie handeln und für sich eine Entscheidung treffen. Ihn werden Sie nicht verändern. Das kann er nur selber tun!

## 6. Mit Behinderung

Es gibt einen Unterschied zwischen Menschen, die eine Behinderung haben und das akzeptieren, auch wenn es natürlich zeitweise schwerfällt .....

...... und Menschen, die eine Behinderung haben, diese Tatsache nicht akzeptieren und gerne auch als Ausrede nutzen, um Mitleid zu bekommen. Oft machen sie andere Menschen, die Umstände, das Schicksal oder das Karma für ihre eigene körperliche Behinderung verantwortlich.

**Das Folgende gilt nur für Menschen, die ihre Behinderung akzeptieren:**

**Was für ein Typ ist er?**

- Seine körperliche Behinderung ist durch Nutzung beispielsweise eines Rollstuhls, eines Rollators oder starker Brillengläser sichtbar.
- Oder seine körperliche Behinderung ist unsichtbar: kleines Hörgerät, Prothese unter dem Hosenbein oder es ist eine chronische Krankheit wie z.B. Diabetes.

**Was braucht er?**

- Er braucht Respekt, Akzeptanz und die Möglichkeit, so viel wie möglich selber zu erledigen.
- Manchmal braucht er Ihr ernst gemeintes Hilfsangebot. Selber um Unterstützung zu bitten muss erst gelernt werden. Einige können es gleich, andere nicht!

- Unterstützung braucht er nur für die Dinge, die er nicht selber tun kann.

**Das können Sie in der momentanen Situation tun.**

- Kennen Sie den Spruch: „Das Gegenteil von gut gemacht, ist gut gemeint!"? Finden Sie bitte heraus, ob er tatsächlich Ihre Hilfe haben möchte und wenn ja: welche? Ungefragte Hilfe sorgt oft für ein Gefühl der Entmündigung.
- Bitte stellen Sie ihm Fragen und nehmen die Antworten ernst - auch wenn Ihnen diese skurril erscheinen!

## 7. Der Besserwisser

**Was für ein Typ ist er?**

- „Ich weiß alles und alles besser!" Dieses Bild vermittelt er seiner Umwelt!
- Er ist rechthaberisch und nimmt sich selber sehr wichtig.
- Er macht keine Kompromisse.
- Er lässt nur die eigene Meinung gelten.

**Was braucht er?**

- Akzeptanz und…
- Fragen. Bei der Beantwortung dieser Fragen kann er seine Meinung kundtun.
- Er glaubt nur das, was mit hieb- und stichfesten Argumenten untermauert ist.
- Er will Beweise, die **er** akzeptieren kann!
- Er will lesen. Das geschriebene Wort ist für ihn glaubwürdiger als das gesprochene.

**Das können Sie in der momentanen Situation tun.**

- Da er Beweise braucht, geben Sie ihm diese Hilfestellung für seine Entscheidung. Geben Sie ihm Testberichte und Informationsbroschüren.
- Arbeiten Sie mit Garantien und bieten Sie ihm für den „Notfall" den Umtausch an.
- Stellen Sie Fragen! Machen Sie Alternativvorschläge. Lassen Sie ihn entscheiden!
- Vorsicht mit Suggestivfragen!

Falls Sie diese Frageform nicht kennen:

Es ist eine Frageform, bei der der Befragte durch die Art und Weise der Fragestellung beeinflusst wird, die Antwort zu geben, die der Fragesteller bevorzugt: „Sie sind doch sicherlich auch der Meinung, dass....". „Ihnen ist es doch auch wichtig, die maximale Chance auf zeitgemäße Optimierung zu nutzen!".

Dem Befragten wird die Meinung des Fragestellers einsuggeriert. Vielleicht hat er diese aber gar nicht.

## 8. Der *ausschließlich* Digitale

Jedes Verhalten ist schwierig, wenn es Verhaltensvielfalt ausschließt.

**Was für ein Typ ist er?**

- Oft kennt er, vielleicht auf Grund seines Alters, nur die digitale Welt. Mit ihr ist er aufgewachsen und sehr vertraut.
- Alles andere ist ihm suspekt.
- Er kann nicht erkennen, dass auch das Althergebrachte seine positiven Seiten hat und das Neue gut ergänzen kann.
- Menschen, die sich mit der digitalen Welt nicht auskennen oder diese vielleicht aus Unkenntnis ablehnen, akzeptiert er nicht.
- Bei diesem Thema macht er keine Kompromisse.

**Was braucht er?**

- Er braucht die Erkenntnis, dass auch die andere Form, das Analoge, seinen Wert hat.
- Beweise können seine neuen Erkenntnisse untermauern. Dafür aber braucht er geistige Offenheit und Flexibilität.
- Argument für ihn: Seine Arbeit wird durch seine innere Freiheit effektiver werden.
- Anerkennung von anderen ist ihm sehr wichtig.
- Wichtig ist ihm auch das Lob, dass er zeitgemäß handelt.

**Das können Sie in der momentanen Situation tun.**

- Geben Sie ihm die Möglichkeit seine Sicht der Dinge darzustellen.
- Lassen Sie ihn auch an Ihrem Erfahrungsschatz teilhaben.
- Akzeptieren Sie seine Sicht der Dinge. Loben Sie ihn dafür.
- Bleiben Sie sachlich und entspannt.
- Nehmen Sie ihn ernst und seien Sie selber auch gedanklich beweglich.
- Zeigen Sie ihm Verknüpfungspunkte von digital und analog, wenn er diese selber nicht findet.

## 9. Der Drohende

**Was für ein Typ ist er?**

- Meistens hat er einen roten Kopf.
- „Gleich platze ich!" lautet in diesem Fall die Drohung.
- Drohen kann laut oder auch leise sein. Oft: je leiser, desto gefährlicher!
- Drohen kann aus Stärke oder Schwäche heraus geschehen.
- Ganz typisch: „Das sage ich Ihrem Chef/Ihrer Frau/Ihrem Mann/anderen Kunden!"

**Was braucht er?**

- Er braucht einen ernst zu nehmenden Gesprächspartner.
- Er braucht keinen furchtsamen Duckmäuser, Verlierer oder Ja-Sager.
- Er braucht jemandem, der ihm „standhält". Er braucht einen würdigen Gegner.
- Er braucht jemanden, der die Übersicht behält.
- Jemanden, der sich von ihm nicht (v)erschrecken lässt.

**Das können Sie in der momentanen Situation tun.**

<u>Es gibt zwei Strategien:</u>

1. Sie stellen sich gedanklich auf die Seite des Kunden und schimpfen gemeinsam mit ihm. Das verbindet!
2. Sie gehen gedanklich zur Seite und lassen seine Drohungen und Beschimpfungen an sich vorüberziehen.

- Fragen Sie ihn, ob er weiß, wie sein Verhalten wirkt. Manche wissen das erstaunlicher Weise nicht!
- Setzen Sie ihm eine Grenze und erklären ihm, was Sie zulassen werden und was nicht.
- Nicht bevormunden lassen.
- Zur Not rufen Sie Kollegen oder Ihren Partner zur Hilfe.

Bei einigen Kampfkünsten ist das Prinzip ähnlich. Die Kraft des Gegners wird für sich selber genutzt und der Angriff geht ins Leere.

## 10. Der *immer* Eilige

**Was für ein Typ ist er?**

- Er hat es eilig! Vielleicht ist das einmalig, aber vielleicht ist es bei ihm oft so.

- Wenn an der Kasse eine Warteschlange steht, rennt er zur ersten Person in der Reihe und fragt, ob er vor darf. Vielleicht aber drängelt er sich nur vor und fragt vorher nicht.
- Für seine Eile hat er eine Begründung, die oftmals nichts mit ihm zu tun hat: „Eine Konferenz, wartende Kinder, Hund im Auto, Parken in der Verbotszone, Wecker hat morgens nicht geklingelt, Auto ist nicht angesprungen, der Bus war unpünktlich." Seine Argumente können stimmen, müssen es aber nicht.

**Was braucht er?**

- Wenn es nur selten vorkommt, braucht er Verständnis und Unterstützung, damit er alles noch schafft.
- Wenn es häufig vorkommt, muss er die Konsequenz seines Handelns spüren. Erst dann ändert er etwas. Wenn Sie das können und wollen, dann können Sie ihm helfen.

**Das können Sie in der momentanen Situation tun.**

- Prüfen Sie zuerst, ob er es immer eilig hat oder nur selten. Richten Sie Ihr Verhalten nach dieser Erkenntnis aus.
- Wenn er selten in Eile ist, dann braucht er in diesem Moment Ihre Unterstützung. Entlasten Sie ihn. Nehmen Sie ihm Aufgaben, Wege und Gespräche ab.
- Wenn er oft in Eile ist, dann nützt der versteckte Hinweis, ihm eine Uhr zu schenken, selten etwas.
- Die Konsequenz seiner Verspätung muss (leider) weh tun. Vorher ändert er nichts. Vielleicht aber auch dann nicht!
- Sie könnten sich mit ihm zusammensetzen und eine realistische Zeitplanung aufstellen.

## 11. Der Feilscher

### Was für ein Typ ist er?

- Selten ist er mit dem ersten Angebot einverstanden.
- Er will oder muss um den Preis handeln. Wenn er handeln muss, dann sieht man ihm meistens auch die Sorgen an.
- Wenn er Freude am Handeln hat, dann ist ihm die Begeisterung anzusehen! Denken Sie an Basare! Denken Sie auch an die Marktschreier vom Hamburger Hafen.

### Was braucht er?

- Trotz allem Verständnis braucht er realistische Grenzen.
- Eventuell braucht er eine Lösung seines Problems, die er selber nicht erkennt.
- Vielleicht aber will er nur jemanden, der ihn versteht und beim Handeln mitmacht und dabei seine Freude teilt.
- Er will Entgegenkommen, kann aber auch verzichten, wenn die Argumente nachvollziehbar sind.

### Das können Sie in der momentanen Situation tun.

- Finden Sie zuerst heraus, ob er feilschen will oder muss!
- Wenn die Situation wirklich ernst ist, finden Sie bitte gemeinsam eine **realistische** Lösung. Eine Lösung also, an die Sie beide glauben können.
- Auch wenn Sie wissen, dass es ein Spiel ist: Nehmen Sie bitte sowohl das Spiel als auch die Person ernst!
- Feilschen Sie mit, wenn Sie das mögen.
- Ein Angebot kann sein: „Wenn Sie ….. tun, dann mache ich …!“

„Wenn Sie sich heute noch entscheiden, dann …“

„Wenn Sie die Bestellung auf .... erhöhen, dann ..."

„Wenn du den Abwasch machst, dann werde ich...."

## 12. Der Gestresste

Ein typisches Bild: Eigentlich ist überhaupt noch nichts passiert. Der Schwimmer steht nur völlig unpassend gekleidet auf dem Sprungbrett.
Er macht sich Gedanken über die Begegnung mit den Haien. Er ist aber noch gar nicht im Wasser und die Haiflossen könnten auch zu Badekappen gehören. „Nur" seine Vorstellung macht ihm Stress. Er könnte auch die Leiter wieder runtersteigen.

**Was für ein Typ ist er?**

- Oft ist er hektisch, kurzatmig, schaut ständig auf die Uhr.
- Er erzählt, was er noch alles tun muss und dass er keine Zeit für andere Aktivitäten hat.
- Von dem, was SIE sagen, registriert er nur den Teil, der zu seiner Realität passt.
- Manchmal löst Stress auch Abwehrmechanismen aus, die für ihn untypisch sind. Dazu zählen: Schreien, Fluchen, andere Menschen beschimpfen.

Was den einen Menschen vor fast unlösbare Probleme stellt, fordert den anderen nur ein bisschen heraus. Je öfter Sie eine Situation bewältigt haben, um so weniger Stress empfinden Sie, wenn etwas Ähnliches passiert. Sie wissen in dem Moment bereits, was Sie tun müssen. Die notwendigen Handlungen sind Ihnen vertraut. Jemand anderes wäre völlig überfordert.

- Für jeden ist Stress etwas völlig anderes!

**Was braucht er?**

- Er braucht Zeit, verständnisvolle Unterstützung und Entspannung.
- Auf jeden Fall braucht er keine weiteren Aufgaben. Diese würden seinen Stress verstärken.
- Gelegentlich braucht er akustische und optische Ablenkung und der Fernseher läuft beim Essen.

**Das können Sie in der momentanen Situation tun.**

- Seinen Stress ernst nehmen, aber bitte nicht mitmachen.
- Präferieren Sie eine zeitsparende Lösung sowie Lösungen, die größere Stressfreiheiten bieten.
- Wichtig zu wissen: Aus der Ruhe entstehen Kraft und gute Ideen.
- Hilfe anbieten, wenn das Angebot ernst gemeint ist. Aber bitte nicht enttäuscht sein, wenn er Ihr Angebot ablehnt.
- Unaufgeforderte Hilfsangebote können seinen Stress verstärken! Er kann die ganzen Aktivitäten nicht mehr koordinieren, wenn er diese Hilfsangebote annehmen würde. Die darauf folgenden Aktivitäten würden nicht mehr seinem Einfluss unterliegen. Das ist purer Stress für ihn!

## 13. Der Immigrant

**Was für ein Typ ist er?**

- Einige Immigranten sind auf den ersten Blick zu erkennen. Sie sehen fremdländisch aus, kleiden sich anders als wir es tun und sprechen eine andere Sprache. Andere Immigranten unterscheiden sich auf den ersten Blick kaum.
- Die Werte aber sind oft anders und genauso die Verhaltensregeln. Das Verhalten erscheint uns manchmal seltsam.
- Oft war zu wenig Zeit zum Umgewöhnen für ihn vorhanden. Wenn er sich überhaupt umgewöhnen kann und will.
- Achtung: Vor-urteile!

Die Schreibweise Vor-urteile soll ausdrücken, dass Urteile getroffen werden, bevor alle Fakten bekannt sind. Oft aus der eigenen Unwissenheit heraus.

**Was braucht er?**

- Er braucht Akzeptanz und Respekt.
- Er braucht Sicherheit im Umgang mit der fremden Kultur und eventuell Unterstützung.
- Vielleicht verhält sich der Immigrant nur aus Hilflosigkeit heraus arrogant und braucht Zeit zum Umgewöhnen.
- Setzen Sie Grenzen. Ansonsten werden Sie oftmals nicht ernst genommen.

**Das können Sie in der momentanen Situation tun.**

- Bitte zeigen Sie ihm Respekt und Achtung - wenn er beides verdient.
- Seien Sie ehrlich, wenn Sie etwas nicht verstehen. Fragen Sie!
- Fragen Sie ihn auch, was ihm wichtig ist.
- Geben Sie ihm die Möglichkeit genug Privatsphäre zu haben.
- Sie wissen nicht, welche gesellschaftliche und/oder berufliche Stellung er in seiner Heimat hatte. Bitte denken Sie daran!
- **Als Frau**, je nach Kultur des Immigranten: wenig Blickkontakt!
- Unternehmen bieten Ihren Mitarbeitern, die im Ausland arbeiten werden, aus den aufgeführten Gründen oftmals Seminare zum interkulturellen Management an. Auch der Umgang mit fremden Kulturen will gelernt sein.

## 14. Der Ja-Sager

**Was für ein Typ ist er?**

- Seine Körpersprache und die verbalen Aussagen passen nicht zusammen! So wirkt er nach außen.
- Obwohl er nickt, meint er NEIN!
- Oft bereut er während des Gesprächs bereits, dass er das Gespräch führt.
- Oft steckt die „Angst vor Liebesverlust" dahinter. So nennt sich dieses Phänomen in der Psychologie.
- Vielleicht hat er immer wieder gehört: „Nur dann, wenn du immer JA sagst, wirst du gern gehabt!" Oft wird diese Aussage in der Kindheit getroffen und für das Erwachsenenleben adaptiert.

**Was braucht er?**

- Er braucht die Sicherheit, dass er NEIN sagen darf und trotzdem gern gehabt, akzeptiert und respektiert wird.
- Lieber sagt er zu allem JA und lässt nachher umtauschen oder storniert den Auftrag, wenn das geht!
- Er will Harmonie um fast jeden Preis. Auch um den Preis, dass er sein eigenes Gefühl missachtet.

**Das können Sie in der momentanen Situation tun.**

- Lassen Sie ihn wissen, dass Sie ihn auch dann akzeptieren, wenn er NEIN sagt. Vielleicht noch mehr.
- Stellen Sie ihm offene Fragen.

Offene Fragen oder auch W-Fragen sind Fragen, die mit ganzen Sätzen beantwortet werden. Wie z.B.: „Was werden Sie als nächstes tun?". „Was würde Ihnen besser gefallen, als der jetzige Standort?". „Womit kann ich Ihnen weiterhelfen?"

- Die Antwort auf offene Fragen besteht aus ganzen Sätzen, da die Antwort JA oder NEIN nicht ausreicht. Dadurch kann ein Gespräch entstehen.
- Zeigen Sie Alternativen auf. Selber hat Ihr Gesprächspartner diese vielleicht noch nicht entdeckt.
- Ermutigen Sie ihn, neue Erfahrungen zu machen.

## 15. Der Klebrige

Bei statisch aufgeladener Plastikfolie ist es manchmal ähnlich. Sie wollen diese abschütteln, aber die Folie hängt statt dessen nur an der anderen Hand.

**Was für ein Typ ist er?**

- Er ist anhänglich, ob Sie wollen oder nicht. Das Phänomen kennen Sie vielleicht schon aus Schulzeiten.
- Er bleibt bei Ihnen, auch wenn Sie alles mögliche versucht haben, um ihn loszuwerden.
- Je mehr Sie ihn loswerden wollen, umso stärker klammert er!
- Sie haben alles ausprobiert, was Ihnen einfällt. Ihre Wünsche aber sind ihm scheinbar egal. Zumindest verändert er sein Verhalten nicht.
- Auch Stalker können Klebrige sein.

**Was braucht er?**

- Er will dazu gehören! Um fast jeden Preis!
- Er braucht Zuneigung und Anerkennung,
- Er braucht klare Worte und Grenzen. Auch wenn er Sie danach nicht mehr sympathisch findet.

**Das können Sie in der momentanen Situation tun.**

- Fragen Sie sich, was SIE wollen und was SIE nicht wollen!
- Werden Sie sich darüber klar und sagen und zeigen Sie es ihm. **Deutlich!**
- Auf seine Einsicht, „Er müsste das aber doch merken!" und eine Verhaltensänderung zu hoffen, ist sinnlos. Der Klebrige erkennt vielleicht Ihre Wünsche, kann oder möchte sein Verhalten aber nicht ändern.
- Ihren Wunsch / Ihre Aussage müssen Sie übrigens nicht begründen. Tun können Sie es natürlich.
- Eine Begründung führt oft nur zu unsinnigen Diskussionen. Es gewinnt dann der, der den „längeren Atem" hat. Das muss nicht unbedingt der sein, dessen Argumentation richtig ist.

## 16. Der Kombinationstyp

Dieser Typ sieht zwar immer gleich aus, aber er vereint verschiedene schwierige Typen in sich. So wie die Bälle auch unterschiedliche Farben haben. Er verhält sich so, als würde er mit verschiedenen Typen jonglieren. Sein Verhalten ist unberechenbar.

**Was für ein Typ ist er?**

- Er hat von jedem Typ etwas.
- Kaum sind Sie auf den einen Aspekt seiner Persönlichkeit eingegangen, erleben Sie den nächsten Aspekt.
- In ihm sind gleich mehrere schwierige Typen vereint.
- Egal, was Sie tun, Sie erfassen nur einen Teil seiner Persönlichkeit.
- Es kommt Ihnen vor, als würden Sie jonglieren.

**Was braucht er?**

- Er braucht Ihre Hilfe und Sicherheit.
- Er braucht Struktur.
- Vielleicht hat er ein ausgeprägtes Vorstellungsvermögen und braucht dafür Ihr Verständnis.
- Vielleicht flüchtet er sich auch in Ausflüchte, um den wahren Grund seines Handelns zu verschleiern. Sie können Fragen stellen, um den Hintergrund für sein Handeln genauer kennenzulernen und ihn besser verstehen zu können.

**Das können Sie in der momentanen Situation tun.**

- Sie können ihn gewähren lassen, wenn er niemandem schadet.
- Erstellen Sie mit ihm zusammen eine Liste all der Dinge, die passieren könnten.
- Entwickeln Sie mit ihm zusammen eine Struktur. Priorisieren Sie.

In seinen vielleicht schlaflosen Nächten oder auch am Tag stellt er sich diese Liste sowieso vor. Oft hat er aber Angst, sich die unterschiedlichen Möglichkeiten wirklich detailliert auszumalen. Gelegentlich malt er sich in seiner Vorstellung das mögliche Worst-Case-Szenario viel schlimmer aus, als es sein wird.

- Überlegen Sie mit ihm zusammen mögliche Lösungen für die befürchteten Situationen. Vielleicht aber gibt es auch keine Lösung. Dann ist das die Lösung - auch wenn diese keinem gefällt.
- Ein Kollege kommt vielleicht besser mit ihm zurecht als Sie. Ein Kollege, der nachempfinden kann, was Ihr Gesprächspartner durchmacht. Übergeben Sie in dem Fall Ihrem Kollegen das Gespräch.
- Vielleicht braucht er aber einen Psychiater, einen Therapeuten und keinen Verkäufer, Kollegen oder Freund. Bitte vergegenwärtigen Sie sich das.

## 17. Der Leidende

**Was für ein Typ ist er?**

- Schon an seiner Körperhaltung und seinem Gang lässt sich sein Leiden erkennen.
- Egal, wie die Situation von außen aussieht, für ihn ist fast immer alles schrecklich. So fühlt er sich und so spricht er auch.
- Typische Aussage: „Ich weiß gar nicht, warum ich immer

so bestraft werde." Verantwortlich für diese Strafe ist übrigens die Welt. Nicht er.

- Für ihn ist der Grund, der für sein Leiden sorgt, Realität.
- Es ist kein Leiden durch Krankheit oder andere Veränderungen.

**Was braucht er?**

- So merkwürdig es auch klingt: Er braucht das Leiden. Das sieht er natürlich überhaupt nicht so und würde wütend werden, wenn Sie ihm das sagten.
- Lassen Sie ihm also das Leiden, das er bereits kennt.
- Er braucht Zuneigung, Sicherheit und menschliche Wärme.
- Für ihn ist sein Glas fast immer „halb leer".

**Das können Sie in der momentanen Situation tun.**

- Nehmen Sie ihn ernst!
- Bei ihm gilt der Spruch über Erziehung: „Wenn er es am wenigsten verdient, braucht er Zuneigung am meisten!"
- Sie können versuchen, mit ihm zusammen Lösungen zu finden. Meistens allerdings will er keine Lösung finden.
- Gebrauchen Sie eine Verständnisformel.

> Die Erklärung zu dem Thema Verständnisformeln finden Sie bei dem Aggressiven.

- Wenn Sie sagen, dass alles nicht so schlimm ist, dann hilft ihm das überhaupt nicht. Er vermutet eher, dass Sie nicht verstanden haben, um was es ihm geht. Gelegentlich wird er dann aggressiv oder wendet sich von Ihnen ab.
- Also: bitte leiden lassen, auch wenn Ihnen das schwer fällt! Wenn Sie den Grund, der das Leiden auslöst, wegnehmen, findet er einen anderen Grund um zu leiden.

## 18. Der Misstrauische

**Was für ein Typ ist er?**

- Er geht davon aus, dass ihn die meisten Menschen betrügen.
- Hinter jeder Ecke erwartetet er eine Bedrohung und möchte sich darauf einstellen.
- Er möchte nicht überrascht werden.
- Ihm gibt es Sicherheit immer vom Schlechtesten auszugehen. Das hat er mit dem Pessimisten gemeinsam.
- Er beklagt sich oft über die Schlechtigkeit der anderen Menschen und der Welt.

**Was braucht er?**

- Vertrauen, dass er persönlich geschützt ist.
- Vertrauen, dass die Tür abgeschlossen ist, dass Sie Ihre Zusagen einhalten, dass er alle Informationen kennt, dass er......
- Er braucht Beweise, die ER akzeptieren kann.
- Gerne sucht er sich aus den vorhandenen Informationen das raus, was seine Ansichten/sein Misstrauen unterstützt, wie z.B. Beipackzettel von Medikamenten.

**Das können Sie in der momentanen Situation tun.**

- Bitte lassen Sie los und wissen Sie, dass sich nur etwas ändern lässt, wenn ER will.
- Wissen und fühlen Sie, dass sein Misstrauen nicht unbedingt realistisch ist. Für ihn aber ist es das! Sein Misstrauen ist unabhängig von Ihrer Person!
- Legen Sie ihm Beweise vor, wenn es Ihnen wichtig ist. Allerdings besteht keine Garantie, dass er Ihnen und den Beweisen glaubt.
- Fragen Sie ihn, welche Infos er braucht, um sein Misstrauen aufgeben zu können. Wahrscheinlich gibt es keine!
- Vielleicht aber hat er eine krankhafte Störung und nichts, was von außen kommt, hilft ihm auf Dauer. Bitte wissen und prüfen Sie das!

## 19. Der *immer* Negative

Jedes Verhalten ist schwierig, wenn es immer vorhanden ist und nicht in der Ausprägung variiert.

**Was für ein Typ ist er?**

- Er verkörpert die gesteigerte Form des Pessimisten.
- Für ihn ist das Glas immer halb leer. Er empfindet das Leben für sich als gut, wenn es nicht gut ist! Er persönlich empfindet diese Tatsache natürlich völlig anders als Sie!
- Selten lacht er oder ist selten albern. Für ihn ist auch alles immer schrecklich.
- Ihm gibt es Sicherheit, immer vom Schlechtesten auszugehen. Dann kann er nur positiv überrascht werden. Das nennt sich auch Zweckpessimismus.

- Eigentlich schimpft er ständig, über die Welt, sein Leben und andere Menschen.

**Was braucht er?**

- Ganz heimlich findet er seine negative Einstellung gut.
- Vielleicht freut er sich darüber, natürlich ganz still, wenn er von Ihnen etwas positive Energie erhält.
- Er braucht die Akzeptanz, dass er o.k. ist, so wie er ist.
- Aber er braucht auch Unterstützung, falls er etwas ändern will.

**Das können Sie in der momentanen Situation tun.**

- Lassen Sie ihm seine negativen Erwartungen. Damit fühlt er sich sicher.
- Bitte seien Sie sich selber gegenüber verantwortlich und achten darauf, dass Sie selber mit der Situation umgehen können. Bleiben Sie weitestgehend unbeeinflusst in Ihrem eigenen Empfinden.
- Bitte zeigen Sie Ihre frohe Laune nicht zu deutlich. Damit kommt er oft nicht zurecht.
- Wenn der immer Negative will, kann er sich Hilfe suchen. Hilfe zu leisten ist nicht Ihre Aufgabe - außer Sie möchten das tun oder es ist Ihr Job.

## 20. Der Neidische

**Was für ein Typ ist er?**

- Selbstbild: „Alle anderen Menschen haben es besser als ich!". Sie sind schöner, werden bevorzugt und haben mehr Geld und Erfolg. Oft steckt Eifersucht dahinter oder der Zweifel an seinem Talent.
- Er sagt von sich, dass er wertlos ist. Zumin-

dest seinen engen Freunden verrät er das. So empfindet er sich auch selber.

- Oft ist er mürrisch, aggressiv und kritisiert alles und jeden - von außen betrachtet ohne Grund.

**Was braucht er?**

- Für die Zukunft im Allgemeinen und für seine persönliche Zukunft sieht er schwarz.
- Seine Erwartungen für die Zukunft empfindet er als realistisch und glaubt, dass alle anderen keine Ahnung haben, wenn Sie die Sache positiv sehen.
- Fremde Argumente nimmt er übrigens nur ernst, wenn diese zu seinen Vorstellungen passen.

**Das können Sie in der momentanen Situation tun.**

- Geben Sie ihm Zeit, damit er selber seinen Wert erkennen kann. Nicht bedrängen!
- Erinnern Sie ihn: „Auch bei anderen wird nur mit Wasser gekocht!"
- Vielleicht können Sie ihm eine Anleitung für eine realistische Selbsteinschätzung geben.
- Ernst bleiben, hätscheln, ehrlich sein.
- Lieber schweigen, als lügen!

## 21. Der Nörgler

Können Sie sich an die älteren Frauen und Männer erinnern, die im Bus standen und die Kinder beschimpften, wenn diese sich auf den freien Platz setzten, den sie selber besetzen wollten? Im Bus aber gab es noch ganz viele freie Plätze! Aus meiner eigenen Kindheit kann ich mich noch gut an diese Szenen erinnern.

**Was für ein Typ ist er?**

- Sein Selbstverständnis: „Ich habe etwas auszusetzen. Dadurch bin ich wertvoll!"
- Sein Kommentar: „Ja, aber....". „Das Problem ist...!"
- Er erkennt sofort die Schwachstellen von einem Produkt, einer Dienstleistung oder einem Menschen und spricht das sofort (begeistert) an.
- Er findet das „Haar in der Suppe". D.h., auch wenn alles andere schön ist, findet er den einzigen, winzigen Makel.
- Er ist fast immer am Schimpfen und beklagt sich über die Ungerechtigkeit der Welt, die Nachbarn, die Kollegen, den Chef, oder.....

**Was braucht er?**

- Er braucht Beweise, die ER annehmen kann.
- Der Nörgler braucht etwas zum Kritisieren. Nur dann ist er glücklich - auch wenn er natürlich offiziell damit nicht glücklich ist.
- Er braucht es, ernst genommen und mit seiner Sicht der Dinge akzeptiert zu werden. Menschen, die keine Bedenken haben, empfindet er als „blauäugig" und realitätsfremd.
- Der Nörgler braucht den Hinweis und Dank, wenn er mit seinen Bedenken richtig gelegen hat. Das kann natürlich auch passieren.

**Das können Sie in der momentanen Situation tun.**

- Achten Sie auf **seine** Bedenken! Auch wenn Sie selber diese merkwürdig finden. Der Nörgler geht von der Richtigkeit **seiner** Bedenken aus. Nehmen Sie diese ernst!
- Drängen Sie auf Alternativvorschläge. Oft weiß er zwar, was er nicht will, kennt aber keine Alternativen. Helfen Sie ihm dabei, eine Alternative zu finden.
- Wenn der Nörgler allerdings diese Alternative nicht will, dann will er nicht! Akzeptieren Sie das und sparen Sie sich Überredungsversuche.
- Eventuell legen Sie selber ein „Haar in die Suppe", da er sowieso „ein Haar

in der Suppe" erwartet und danach sucht.

Damit meine ich, dass Sie etwas erfinden, das nicht ganz perfekt ist:

„Oh, die Lieferzeit ist eine Woche länger". „Zu diesem Preis darf ich Ihnen dieses Feature nicht verkaufen, allerdings darf ich.....". „Ich bin mir nicht sicher, ob ich wirklich alles berücksichtigt habe. Was fällt Ihnen / dir noch zu diesem Thema ein?". Bitte verändern Sie die Verhandlungsbedingungen nur ein wenig. Er soll nicht abgeschreckt werden.

Der Nörgler kann nun mit der Suche aufhören, weil er endlich gefunden hat, was in seinen Augen nicht perfekt ist. Etwas Unperfektes hatte er auch erwartet. Danach hatte er gesucht.

## 22. Der Pessimist

Die einzige Wolke am Himmel ist über ihm und lässt Blitz und Donner grollen.

**Was für ein Typ ist er?**

- Für die Zukunft im Allgemeinen und für seine persönliche Zukunft sieht er schwarz.
- Seine Erwartungen für die Zukunft empfindet er als realistisch und glaubt, dass alle anderen keine Ahnung haben, wenn sie die Sache positiv sehen.
- Fremde Argumente nimmt er übrigens nur ernst, wenn diese zu seinen Vorstellungen passen.

**Was braucht er?**

- Er muss seine eigenen Erfahrungen machen. Für diese Erfahrungen braucht er Zeit.
- Er braucht Zuspruch und liebevolles Verständnis für seinen Pessimismus.
- Er braucht (bedingungslose) Akzeptanz.

Sie sollten für sich selber entscheiden, ob Sie das akzeptieren können/ob Sie damit umgehen wollen. Auf eine langfristige Veränderung zu hoffen, ist oft - **aber nicht immer** - vergeblich. Wenn er nichts ändern will, dann können Sie daran nichts machen.

**Das können Sie in der momentanen Situation tun.**

- Lassen Sie ihn wissen, dass Sie für ihn da sind.
- Halten Sie zu ihm, wenn das für Sie o.k. ist.
- Weisen Sie darauf hin, wenn etwas positiver geworden ist, als er befürchtet hatte. Erwarten Sie aber nicht, dass Sie von ihm Recht bekommen - auch wenn Sie Recht haben.
- Bitte akzeptieren Sie, dass sich einige Dinge erst dann klären lassen, wenn das befürchtete Ereignis eingetreten ist. Visualisierungen helfen in dem Fall übrigens nur selten!

## 23. Der *immer* Positive

Er hat die freie Wahl, nimmt aber immer nur die positiven Aspekte wahr.

**Was für ein Typ ist er?**

- Egal was passiert, er scheint immer glücklich zu sein.
- Er ist nicht bereit, andere Aspekte für seinen Lebensweg überhaupt zu erörtern und negiert die Möglichkeit von Negativem.
- Er zeigt eine Form des positiven Denkens. Bei ihm ist diese allerdings verklärt und oft unrealistisch. Ihr persönlicher Eindruck: sein positives Denken ist nur aufgesetzt und nicht echt.
- Die immer Positiven wollen die Realität nicht wahrnehmen und beschimpfen die, die ihnen die Lebenssituation realitätsnah schildern.

**Was braucht er?**

- Er braucht Sicherheit, Lösungen und Hilfe. Sein *immer* positives Verhalten dient oft als Schutz und verhindert realistische Einschätzungen der Situation.

Erinnern Sie sich an das Kinderspiel, bei dem sich der Spieler die Augen zuhält und laut ruft: „Sucht mich mal!!“. Manchmal war der Spieler für alle anderen weiterhin sichtbar. Nur die anderen waren für ihn nicht sichtbar, da er sich die Augen zuhielt. So ähnlich verhält sich dieser Typ. Er hält sich die Augen zu und nimmt die Realität nur eingeschränkt wahr.

- Der immer Positive braucht den Schutz, den ihm seine Illusion und das Ablehnen alles Negativem gewähren.

**Das können Sie in der momentanen Situation tun.**

- Visualisieren Sie mit ihm das Negative, das er als Möglichkeit bewusst vermeidet.
- Geben Sie ihm Sicherheit und Hilfe bei diesem Prozess, wenn Sie das tun wollen und können.
- Finden Sie **zusammen** mit ihm Lösungen, an die er glauben kann!
- Wenn er keine Lösung will und auch sonst nicht auf Ihre Unterstützung eingeht, dann lassen Sie los.

- Bieten Sie ihre Hilfe für einen späteren Zeitpunkt an, wenn Sie das wollen.

Alles andere hilft ihm nicht! Wenn er, zumindest gedanklich, eine Lösung für sein persönliches Worst-Case-Szenario gefunden hat, dann möchte er immer noch nicht, dass es eintritt. Allerdings hat er bereits eine Lösung parat. Das **kann** ihn entspannen!

Wenn gedanklich eine Lösung vorhanden ist, wird durch die Suche übrigens nicht automatisch das Negative angezogen.

Sie können dann zu diesem späteren Zeitpunkt entscheiden, ob Sie ihm immer noch helfen wollen.

- Vielleicht braucht er nur Zeit, um die neue Situation zu überdenken.

## 24. Der Schuldner

**Was für ein Typ ist er?**

- Er hat Schulden.
- Manche Schuldner verhalten sich aggressiv, manche aber verhalten sich zaghaft und verschüchtert.
- Oft schämt er sich, will es aber nicht zugeben.
- Seine Situation kann sich sehr unterschiedlich auswirken.
- Manche Schuldner verfallen in Depressionen und manche in wilden Aktionismus.

**Was braucht er?**

- Er braucht auf jeden Fall eine Lösung.
- Um eine geeignete Lösung finden zu können, braucht er meistens Ihre Unterstützung.
- Aber seien Sie bitte nicht zu gutgläubig.

Bei einem Energielieferanten saß ich inkognito als Trainerin in der Mahnabteilung, direkt am Kunden Kontaktschalter. Eine weinende Frau mit 7 Kindern kam in den Raum und bat um Stundung des ausstehenden Betrages. Als ein Mitarbeiter sagte: „Das sind aber doch gar nicht alles Ihre Kinder!", waren wir anderen entsetzt. Er hatte aber Recht. Die Kinder hatte sich die Frau „zusammen geliehen", um ihre Verhandlungsposition zu stärken.

- Er braucht Ihrer Unterstützung und Ihr Mitgefühl. Es kann durchaus stimmen, dass Ihr Gesprächspartner Schulden hat und für die Umstände nicht verantwortlich ist. Vielleicht ist die Frau / der Mann abgehauen und hat Ihren Gesprächspartner mit den Schulden zurück gelassen. Vielleicht hat ihn ein Geschäftspartner „übers Ohr gehauen". Vielleicht hat er auch nur nicht gelernt mit Geld umzugehen.

**Das können Sie in der momentanen Situation tun.**

- Den Kunden auf jeden Fall ernst nehmen. Er könnte die Wahrheit sagen.
- Prüfen Sie die Geschichte nach, die Ihnen erzählt wird.
- Einige Schuldner schwindeln Sie an, absichtlich oder unabsichtlich.
- Machen Sie selber ein realistisches Angebot und akzeptieren auch nur ein solches!
- Ist Ratenzahlung eine Option für Sie und auch für ihn? Prüfen Sie es!
- Wichtig zur eigenen Absicherung: **Kontrolle!**

## 25. Der Schüchterne

**Was für ein Typ ist er?**

- Ständig wird er rot und bekommt eine noch rötere Gesichtsfarbe oder stammelt, wenn er etwas sagen möchte.
- Er nimmt keinen Blickkontakt auf, sondern schaut lieber nach unten auf den Fußboden.
- Er möchte nicht auffallen und nicht im Mittelpunkt stehen.
- Selten ergreift er von sich aus das Wort. Er ist still und wirkt unscheinbar. Er ist aber ein guter Zuhörer.
- Das, was er sagen möchte, hat er „auf der Zunge“. Er kann es aber nicht aussprechen.
- Nach Meetings oder Feiern wissen die anderen Anwesenden oft nicht mit Gewissheit, ob dieser Typ da war.

**Was braucht er?**

- Er braucht liebevolle, aber zaghafte Zuwendung.
- Er braucht Übung, um das Neue und Angstmachende zu bewältigen.
- Er braucht Sicherheit, die er durch Übung bekommt.
- Er braucht Unterstützung. Von Ihnen?
- Es macht ihn froh, wenn jemand für ihn Partei ergreift und sich dadurch seine Wünsche erfüllen können, ohne dass er selber etwas sagen muss.

**Das können Sie in der momentanen Situation tun.**

- Sprechen **Sie** ihn an, wenn Sie den Eindruck haben, dass er Ihnen etwas mitteilen möchte. Warten Sie nicht auf **seine** Kontaktaufnahme! Den ersten Schritt macht **er** meistens nicht.
- Bitte nicht lästern, auch wenn Sie es nicht nachvollziehen können, schüch-

tern zu sein!

- Fragen Sie sich: „Hilft es ihm, wenn ich ihn ins „kalte Wasser“ werfe oder schadet das eher?“ Meistens schadet es.

## 26. Der Schwätzer

### Was für ein Typ ist er?

- Auch bekannt als der Vielredner.
- Er erzählt ohne Punkt und Komma. Manchmal hört er noch nicht einmal auf zu reden, wenn Sie des öfteren „Stopp“ rufen.
- Sie hören ihn oft schon von weitem. Manche Schwätzer sind auch laut.

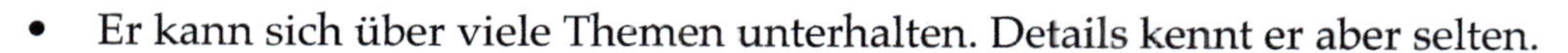

- Er kann sich über viele Themen unterhalten. Details kennt er aber selten.
- Vielleicht redet er so viel, um damit seine Unsicherheit zu verbergen. Das spüren Sie bei manchen.

### Was braucht er?

- Er braucht Grenzen. Sagen Sie ihm, wenn Sie keine Lust mehr haben, ihm zuzuhören.
- Er braucht aber auch Liebe und Aufmerksamkeit. Davon hat er nach seinem Empfinden meist zu wenig.
- Oftmals fehlt ihm Selbstliebe. Er hat nicht gelernt, sich diese selber zu geben.

### Das können Sie in der momentanen Situation tun.

- Stellen Sie ihm geschlossene Fragen! Fragen also, die er mit JA oder NEIN beantworten muss. Wenn er das nicht tut, wiederholen Sie Ihre Frage noch einmal und geben die Antwortmöglichkeit vor. Die Hoffnung ist, dass er dann nicht so viel redet.

- Unterbrechen Sie seinen Redefluss, auch wenn es nur brüsk geht mit „Stopp!“
- Ansonsten warten Sie vielleicht sehr lange auf eine Pause.
- Sagen Sie ihm, wenn Ihre Grenze erreicht ist.

## 27. Der Sorgenvolle

**Was für ein Typ ist er?**

- Bereits an seiner sorgenvollen Miene, der angespannten Körperhaltung, den hängenden Schultern und seiner Sprache können Sie seine ständigen Sorgen erkennen.
- Er ist oft traurig, nicht lustig oder unbefangen. Warum sollte er auch lustig sein, wo die Welt nur schmerzvolle Erfahrungen für ihn bereit hält? Zumindest empfindet er so.
- Der Sorgenvolle ist mit dem Pessimisten verwandt. Allerdings macht er sich zusätzlich noch Sorgen und erwartet nicht „nur“ das Schlimmste.

**Was braucht er?**

- Er möchte bedauert, getröstet und mit seinen Sorgen ernst genommen werden.
- Er braucht die Sicherheit, dass er beschützt ist.
- Vielleicht, aber nur vielleicht, ändert das etwas. Ob er allerdings etwas ändern will oder kann, ist seine Entscheidung.

**Das können Sie in der momentanen Situation tun.**

- Lassen Sie los! Niemandem ist geholfen, wenn es auch Ihnen schlecht geht.
- Weisen Sie den Sorgenvollen darauf hin, wenn seine Befürchtungen nicht

eintreten. Erwarten Sie aber bitte nicht, dass er dieses Wissen als Erkenntnis in der Zukunft umsetzt und sich weniger Sorgen macht. Persönliche Änderungen zu erwarten macht Sie selber nur unglücklich, falls diese nicht eintreten.

- Führen Sie ihn vorsichtig an neue, noch angstbesetzte Aufgaben heran. Er soll die Möglichkeit haben, neue Erfahrungen zu sammeln.
- Wenn er sich weiterhin Sorgen machen möchte, dann können Sie daran nichts ändern. Wahrscheinlich glaubt er Ihnen sowieso nicht.
- Bitte zeigen Sie Ihre frohe Laune nicht zu deutlich. Damit kommt er nicht zurecht.

## 28. Der Toxische

**Was für ein Typ ist er?**

- Sein schreckliches Verhalten bietet viele Varianten: Schreien, Sie verbal angreifen, völlig unzuverlässig sein, usw. Auf jeden Fall fühlen Sie sich ihm hilflos ausgeliefert und wissen oft nicht, was Sie noch tun sollen.
- Alle Vorschläge von Ihnen lehnt er ohne jegliche Prüfung ab.
- Mit dem wirklich toxische Kunden/Mitmenschen lässt sich nicht sprechen oder verhandeln.
- Vielleicht aber hat dieser Mensch nur einen schlechter Tag!

**Was braucht er?**

- Er braucht Grenzen! Er braucht klare Worte! Formulierungen also, die Deutungsmöglichkeiten weitestgehend ausschließen.

Kennen Sie den Spruch, der den Dakota Indianer zugeschrieben wird:
„Wenn du entdeckst, dass du ein totes Pferd reitest, steig ab! Wache auf!"

- Vor allem der Toxische neigt zu Verhaltensweisen, die seiner Umgebung nicht gut tun.

**Das können Sie in der momentanen Situation tun.**

- Die Frage ist: „Tut er nur so oder ist er wirklich so schrecklich?". Also: Situation überprüfen! Manche verhalten sich nur so, weil sie hoffen, dass Sie entnervt aufgeben.
- Wenn Ihr Gesprächspartner wirklich schrecklich ist: Unterstützung holen!
- Nicht allein bleiben! Kollegen, andere Kunden oder einen Freund herbeiholen.
- Klare Zurückweisungen dem Toxischen gegenüber sind wichtig. Bitte mit strenger Stimme sprechen!
- Manche Menschen merken erstaunlicher Weise nicht, was sie tun oder wie ihr Verhalten auf andere wirkt. Sagen Sie es Ihm.
- Wenn trotz allem kein Herankommen möglich ist, dann ziehen Sie sich bitte zurück und sorgen damit für sich selber.

## 29. Traditionalist

**Was für ein Typ ist er?**

- Unabhängig vom Alter ist Tradition für ihn wichtig.
- „Früher war alles besser!", sagt, denkt und fühlt er.
- „Nur Bewährtes hat eine gute Qualität!". So ist seine Devise.
- Alles Neumodische ist ihm suspekt. Als Neumodisch bezeichnet er alles, was er nicht kennt oder was sich in seinen Augen noch nicht bewährt hat.

**Was braucht er?**

- Er braucht Vertrauen und Vertrautes. Das Wort NEU ist für ihn kein Qualitätsmerkmal, sondern macht ihm Angst.
- Empfehlungen sind für ihn in besonderem Maße nur dann akzeptabel, wenn er den Empfehlungsgeber ernst nimmt.
- Zusätzlich braucht er Zeit zum Überlegen und Entscheiden.

**Das können Sie in der momentanen Situation tun.**

- Weisen Sie auf lange Traditionen hin und auf langjährige Produktentwicklung.
- Lassen Sie sich von Ihm Empfehlungen geben. Diese können Sie bei Menschen gut gebrauchen, die so ähnlich sind wie er!
- Betonen Sie seinen persönlichen Kontakt zu Ihnen. Thema „One face to the customer!“ Das darf auch teurer sein.
- Betonen Sie Empfehlungen von Menschen, die ähnlich sind wie er!

## 30. Der Unentschlossene

**Was für ein Typ ist er?**

- Man sieht ihm die Qual der Wahl an.
- Er lässt sich vieles zeigen, kann sich aber nicht entscheiden.
- Lieber trifft der Unentschlossene keine Entscheidung, als eine falsche. Er sieht viele mögliche Wege.
- Es sind die Kollegen, die viel zu lange mit ihrer eigenen Entscheidung warten. Oftmals, bis der Termin vorbei ist. Aber die Entscheidungen von anderen kritisieren sie gerne.

Können Sie sich an die Türme von Kleidungsstücken in Umkleidekabinen erinnern, bevor die Beschränkung auf 3 Stücke eingeführt wurde? Das waren wahrscheinlich Unentschlossene.

**Was braucht er?**

- Er braucht Unterstützung, um Entscheidungen treffen zu können.
- Er will so viel Sicherheit haben wie möglich.
- Er braucht die Gewissheit, dass er alle Argumente kennt und Sie persönlich bei Fragen wieder anrufen darf.
- Tabellen und schriftliche Informationen vermitteln ihm Sicherheit.

**Das können Sie in der momentanen Situation tun.**

- Begrenzen Sie für ihn das Angebot.
- Betonen Sie seine Vorteile, wenn er seine Entscheidung bald trifft.
- Zur Not nehmen Sie ihm die Entscheidung ab.
- Weisen Sie auf Garantien hin. Garantien sind ihm wichtig! Sie symbolisieren Sicherheit.

## 31. Der Unkooperative

Erst tut er alles, was notwendig ist und dann tut er plötzlich nichts mehr.

So wie auf diesen Zeichen dargestellt.

**Was für ein Typ ist er?**

- Der Abschluss ist getan. Die Unterschrift unter dem Vertrag ist trocken - wie es früher hieß.
- Danach aber tut dieser Typ nichts mehr!
- Auf Ihre Kontaktversuche per Mail oder Telefon reagiert er nicht.
- Er lässt sich verleugnen. Sie erreichen ihn selbst dann nicht, wenn Sie sich genau an die verabredete Uhrzeit oder andere Vereinbarungen halten. Sie fragen sich: „Werde ich freundlich abgewimmelt, weil er das veranlasst hat?"
- Sie wissen nicht mehr, was Sie noch tun sollen.
- Er hindert Sie daran, Ihre eigene Arbeit zu vollenden.

**Was braucht er?**

- Da der Kunde SEIN Ziel erreicht hat, braucht er die Info, wie sich sein Verhalten auf andere auswirkt.
- Er braucht die Information, wie sich sein Verhalten auf Sie, Ihren Chef (wenn es einen gibt), das ganze Unternehmen oder Freunde und Verwandte auswirkt.

Auch wenn Sie sich denken, dass er das mit ein bisschen gesundem Menschenverstand wissen müsste, weiß er es manchmal nicht oder will es nicht wissen.

- Er muss wissen, für welche Schwierigkeiten er sorgt. Vielleicht weiß er das nicht.

**Das können Sie in der momentanen Situation tun.**

- Sagen Sie ihm bitte, welche Schwierigkeiten sein Verhalten auslöst.
- Er will es vielleicht gar nicht und ist selber verblüfft. Er war nur froh, dass er die Entscheidung endlich hinter sich gebracht hat. Für einige Menschen ist es schwierig, Entscheidungen zu treffen.
- Zur Not schreiben Sie einen Brief und schicken diesen per Post. Ein Brief

wird seine Aufmerksamkeit erregen. Einen Brief zu erhalten ist inzwischen unüblich. Zumindest, wenn es keine Rechnung oder kein Angebot ist.

Wenn Sie diesen Brief an ihn persönlich adressieren, darf auch die Sekretärin, der Partner oder die Partnerin diesen nicht öffnen.

- Setzen Sie sich und ihm eine zeitliche Grenze.
- Lassen Sie nach diesem Tun los! Seien Sie sich sicher, dass Sie im Moment nicht mehr tun können!

## 32. Der Unzuverlässige

**Was für ein Typ ist er?**

- Auf ihn ist kein Verlass!
- Mit seinem Verhalten bringt er Sie in Schwierigkeiten.
- Das, was er zusagt, hält er nicht immer ein.

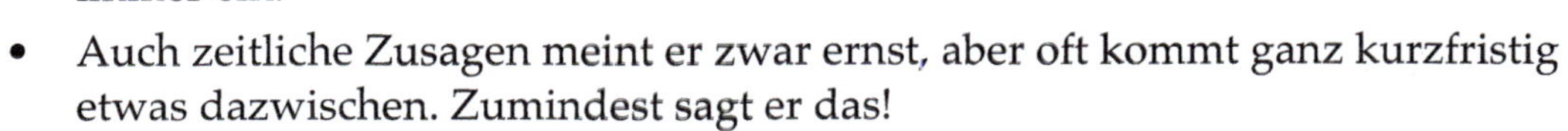

- Auch zeitliche Zusagen meint er zwar ernst, aber oft kommt ganz kurzfristig etwas dazwischen. Zumindest sagt er das!
- Sie fragen sich: „Soll ich ihm vertrauen, oder nicht?“ „Was braucht er?“
- Er braucht klare Aussagen.
- „Wenn Sie ….. tun, dann mache ich…..“. Dieses Vorgehen erinnert ein bisschen an Kindererziehung, hilft aber auch im Erwachsenenalter.
- Wenn Sie etwas zusagen, dann halten Sie sich bitte auch an Ihre Zusagen. Auch dann, wenn Ihr Gesprächspartner unzuverlässig ist.
- Es gibt ihm Sicherheit, sich auf Ihre Zusagen verlassen zu können. Das ist ein gutes Beispiel für ihn.
- Er braucht, dass er die Konsequenzen seines Handelns zu spüren bekommt.

**Das können Sie in der momentanen Situation tun.**

- Loslassen, auch wenn es schwer fällt!
- Sagen Sie NEIN zu ihm und JA zu sich selber.
- Lassen Sie ihn die Konsequenzen seines Handelns spüren. Das spricht sich rum.
- Denken Sie daran: Konsequent zu sein bringt oftmals neue, zuverlässige Kunden.
- Sagen Sie ihm, welche Auswirkungen sein Handeln hat und fragen Sie ihn, ob er das will. Manche sind dann völlig über die Wirkung verblüfft.

## 33. Der Zerstreute

**Was für ein Typ ist er?**

- Eine Beschreibung für uns Menschen ist: „Mit dem Kopf im Himmel und mit den Füßen auf der Erde". Der Zerstreute allerdings steht oft nicht mit den Füßen auf der Erde.
- Er wirkt „verpeilt" und nicht ganz von dieser Welt.
- Typ: zerstreuter Professor
- Für andere ist keine durchgängige Logik in seinem Tun oder in seinen Aussagen erkennbar. Am nächsten Tag kann für ihn alles wieder ganz anders sein.
- Er fängt etwas an und beginnt schon mit dem nächsten Projekt, obwohl das erste noch gar nicht abgeschlossen ist. Dadurch sammelt er ganz viele unvollendete Handlungsabläufe in seinem Leben. Diese kosten Energie. Auch deshalb ist er oft müde.
- Meistens sucht er irgendetwas, weil er nicht mehr weiß, wo er es liegen oder stehen gelassen hat.

**Was braucht er?**

- Struktur ist für ihn besonders wichtig.
- Da er sich diese nicht selber aufbauen kann, braucht er Struktur als Vorgabe.
- Für ihn ist es wichtig, seine vielen angefangenen Handlungen zu erkennen und zu Ende zu führen. Das tut er aber meistens nicht.
- Sein Leben müsste dringend entrümpelt und strukturiert werden. Sie können ihm dabei helfen. Helfen, aber nicht seine Aufgaben übernehmen! Das gilt auch dann, wenn Sie wissen, dass Sie schneller oder effektiver in Ihrem Tun sind als er.
- Bei seinen Entscheidungen braucht er Unterstützung.

**Das können Sie in der momentanen Situation tun.**

- Seien Sie aufmerksam und registrieren Sie, wo der Zerstreute seine Sachen liegen lässt.
- Nehmen Sie ihn „an die Hand" und führen ihn durch die Wirren des Lebens.
- So zerstreut er auch ist, man kann viel Spaß mit ihm haben, wenn man sich auf ihn einlässt.
- Bieten Sie ihm die Struktur, die ihm fehlt.
- Tabellen und Listen zusammen mit ihm aufzustellen, kann sehr hilfreich sein. Entscheiden Sie für sich, ob Sie das tun wollen.

## 34. Der *immer* Zielstrebige

**Was für ein Typ ist er?**

- Für ihn zählt der Wettkampf, den er immer gewinnen will. Das ist sein Ziel.
- Er versteht und merkt nicht, dass andere Menschen keine Lust auf ständige Wettkämpfe haben.

- Für ihn ist es wichtig, sein Ziel zu erreichen. Wie er dort hinkommt, ist ihm egal.
- Er registriert oft auch nicht, wenn sich die Umstände geändert haben und sich dadurch sein Ziel verändern sollte.

**Was braucht er?**

- Er braucht die Erkenntnis, dass andere Menschen anders ticken als er.
- Er braucht eine Auswahl an Ideen, welche Ziele für Menschen noch interessant sein können.
- Er braucht das Wissen über die Möglichkeit, dass jemand nur das Ziel hat, in jedem Moment richtig zu entscheiden und dadurch einen erfolgreichen Moment an den nächsten zu reihen.
- Unterstützen Sie ihn auf dem Weg zu seinem Ziel, wenn Sie wollen.
- Loslassen zu können würde ihm helfen. Das mindert seine Anspannung. Ein Kurs mit Entspannungsübungen könnte ihm helfen.

**Das können Sie in der momentanen Situation tun.**

- Bitte bleiben Sie stark und vertreten auch dann Ihre Meinung, wenn diese anders ist als seine. Das gilt natürlich nur, wenn Sie das wollen.
- Begegnen Sie ihm und den Auswirkungen seiner Zerstreutheit mit Humor.
- Wenn er das will, können Sie ihm damit helfen, seine wirren Gedanken zu ordnen.
- Auch wenn er anders tickt als Sie, hat Zerstreutheit auch positive Aspekte.
- Zeigen/sagen Sie ihm, dass aus der Ruhe sowohl Kraft als auch gute Ideen entstehen.

*Auf Wunsch einer Teilnehmerin meiner Webinare, habe ich noch den folgenden Typ ausgearbeitet:*

## 35. Die Zicke

*Natürlich gibt es auch männliche Zicken*

Sie spricht mit „gespaltener Zunge". Das, was sie sagt, entspricht also nicht immer der Wahrheit. Oft wirkt sie überheblich.

**Was für ein Typ ist sie?**

- Ihr Selbstverständnis ist: „Ich bin die Beste und kein anderer ist so gut wie ich!".
- Sie verhält sich dominant und grenzüberschreitend.
- Ihre Äußerungen sind frech und schnippisch.
- Verantwortung für ihr Verhalten zu tragen, lehnt sie ab: „Dafür kann ICH doch nichts! Wenn SIE das nicht geregelt bekommen..."

**Was braucht sie?**

- Sie braucht einen würdigen Gegner und niemanden, der kuscht.
- Sie braucht Grenzen.
- Einsehen tut sie nichts. Zumindest gibt sie es wahrscheinlich nicht zu.
- Sie braucht das Lob von anderen.

**Das können Sie in der momentanen Situation tun.**

- Bitte bleiben Sie ruhig, statt sich provozieren zu lassen.
- Bitte wissen Sie, dass Sie die Zicke nur überzeugen können, wenn sie dieses zulässt.
- Vertreten Sie Ihre eigene Meinung, belegen diese und verlassen die Situation. Darauf zu warten, dass die Zicke etwas einsieht, ist Zeitverschwendung. Sie hat ihre eigenen Zeitabläufe.
- Fragen Sie die Zicke nach ihrer Meinung, aber entscheiden Sie selber für sich.
- Bei einigen Zicken hilft es nur, selber arrogant aufzutreten.
- Sich selber helfen Sie mit Humor!

## Teil II

## Arbeitsteil

Um jetzt mit dem Workbook weiterzuarbeiten, schließen Sie das Buch, drehen es um und fangen einfach von hinten an.

**LebensWände Ilonka Lütjen**

## Krisencoaching konkret

2005 erhält Ilonka Lütjen die Diagnose „Multiple Sklerose". Zu diesem Zeitpunkt ist sie für internationale Unternehmen erfolgreich als Vertriebstrainerin und Personal Coach tätig. In ihrem sehr intensiven Werk „Lebens-Wände" erzählt sie ihre Geschichte über den Kampf mit der Krankheit und über die Fragen, die sie sich in dieser Situation gestellt hat. Außerdem zeigt sie, wie es gelingen kann, den Schicksalsschlag als Chance zu nutzen. Die 132 Seiten sind in zwei Teile gegliedert: den „Lese-Teil" und den „Arbeits-Teil". So wird der Leser zunächst mit Fragen, Herausforderungen und Chancen vertraut gemacht und anschließend in Teil 2 dazu angeregt, per interaktivem Workbook über Fragestellungen zur individuellen Situation nachzudenken. Für E-Book-Leser steht dieser interaktive Teil als Workbook separat zum Download auf der Homepage der Autorin www.busicoach.de bereit. Auch die Möglichkeit zum Probelesen gibt es dort.

Printausgabe: 11,80 €
E-Book : 8,60 €

## Mein persönlicher Weg

Workbook von ________________________________________

## 1. Der Ängstliche

Zur Erinnerung:

**Daran erkenne ich diesen Typ!**

- Er hat Angst. Angst vor allem!
- Angst vor etwas Konkretem, wie einer Spinne, einem Menschen, einer bestimmten Aufgabe, oder ....
- eine unbestimmte Angst.
- Logische Argumente und der Hinweis, warum er keine Angst zu haben braucht, helfen ihm nicht! Er kann nicht aufhören, Angst zu haben.

**Wer aus meinem Freundes-, Bekannten-, Verwandtenkreis oder aus meinem beruflichen Umfeld erinnert mich an diesen Typus? Warum?**

. ________________________________

______________________________________________________

______________________________________________________

. ________________________________

______________________________________________________

______________________________________________________

. ________________________________

______________________________________________________

**Das habe ich bisher ausprobiert.**

**Mit welchem Ergebnis?**

**Diese anderen Ideen habe ich. Das könnte ich anders machen.**

## 2. Der Aggressive

Zur Erinnerung:

**Daran erkenne ich diesen Typ!**

- Jedes Gespräch, das er führt, empfindet er als Kampf!
- Erfolg zu haben bedeutet für ihn, seinen Gesprächspartner zu demütigen.
- Oft redet er unkontrolliert und aggressiv.
- Seine Argumentation ist gelegentlich unlogisch und stattdessen sehr emotional.
- Oft schreit er mehr, als dass er spricht.

**Wer aus meinem Freundes-, Bekannten-, Verwandtenkreis oder aus meinem beruflichen Umfeld erinnert mich an diesen Typus? Warum?**

Das habe ich bisher ausprobiert.

**Mit welchem Ergebnis?**

**Diese anderen Ideen habe ich. Das könnte ich anders machen.**

## 3. Der Angeber

Zur Erinnerung:

**Daran erkenne ich diesen Typ!**

- Wahrscheinlich kennen Sie diesen Typus auch aus der Sparkassenwerbung: Zwei Männer sitzen sich am Tisch gegenüber. Der eine legt Fotos wie Spielkarten auf den Tisch zwischen ihnen. Seine erklärenden Worte: „Mein Haus, mein Auto, mein Boot!"
- Dieser Typ zeigt ein geringschätziges Lächeln und unterstreicht seine Worte mit übertriebenen Gesten.
- Gerne bringt er den Verkäufer / seinen Gesprächspartner auf die Palme.
- Oft trägt er teuren Schmuck, teure Kleidung, wohnt luxuriös und fährt einen hochpreisigen Wagen. Manchmal allerdings ist alles nur auf Raten gekauft.
- Sein Selbstverständnis: „Ich bin der Tollste!" Andere behandelt er mit Geringschätzung.

**Wer aus meinem Freundes-, Bekannten-, Verwandtenkreis oder aus meinem beruflichen Umfeld erinnert mich an diesen Typus? Warum?**

·

·

**Das habe ich bisher ausprobiert.**

**Mit welchem Ergebnis?**

Diese anderen Ideen habe ich. Das könnte ich anders machen.

## 4. Der Arrogante

Zur Erinnerung:

**Daran erkenne ich diesen Typ!**

- Er wirkt eingebildet und überheblich. Gerne stellt er seine vermeintliche Überlegenheit zur Schau.
- Das Selbstbild, das er nach außen kommuniziert: „Ich bin wertvoller als alle anderen!"
- Oftmals bleibt er allein, weil kaum jemand mit ihm seine Zeit verbringen möchte.
- Manchmal allerdings gibt es auch einen großen Unterschied zwischen sei-

nem Verhalten nach außen und seinem Verhalten im Privatleben zum Partner, Freunden und Bekannten.

- Anderen gegenüber verhält er sich oft verletzend, vielleicht ohne es zu merken!

**Wer aus meinem Freundes-, Bekannten-, Verwandtenkreis oder aus meinem beruflichen Umfeld erinnert mich an diesen Typus? Warum?**

. ______________________________

______________________________________________________

______________________________________________________

. ______________________________

______________________________________________________

______________________________________________________

. ______________________________

______________________________________________________

______________________________________________________

. ______________________________

______________________________________________________

______________________________________________________

**Das habe ich bisher ausprobiert.**

**Mit welchem Ergebnis?**

**Diese anderen Ideen habe ich. Das könnte ich anders machen.**

## 5. Der Bedächtige

Zur Erinnerung:

**Daran erkenne ich diesen Typ!**

- Er wählt seine Worte und seine Taten mit Bedacht. Zumindest meistens.
- Er wartet darauf, dass er die richtige Eingebung bekommt, wie bei einem Trichter. Auch sein Gefühl zu dem Thema und der Zeitpunkt müssen für ihn passend sein.
- Oft ist er sehr kreativ.
- Allerdings ist er auch kreativ mit Dingen, der Zeit oder Abgabeterminen, unpünktlich und unordentlich also.
- Er schafft alles noch. Irgendwie. Meist auf den „letzten Drücker."

**Wer aus meinem Freundes-, Bekannten-, Verwandtenkreis oder aus meinem beruflichen Umfeld erinnert mich an diesen Typus? Warum?**

**Das habe ich bisher ausprobiert.**

**Mit welchem Ergebnis?**

Diese anderen Ideen habe ich. Das könnte ich anders machen.

## 6. Mit Behinderung

Zur Erinnerung:

**Daran erkenne ich diesen Typ!**

- Seine körperliche Behinderung ist durch Nutzung beispielsweise eines Rollstuhls, eines Rollators oder starker Brillengläser sichtbar.

- Oder seine körperliche Behinderung ist unsichtbar: kleines Hörgerät, Prothese unter dem Hosenbein oder es ist eine chronische Krankheit wie z.B. Diabetes.

**Wer aus meinem Freundes-, Bekannten-, Verwandtenkreis oder aus meinem beruflichen Umfeld erinnert mich an diesen Typus? Warum?**

· ______________________________

______________________________________________

______________________________________________

· ______________________________

______________________________________________

______________________________________________

· ______________________________

______________________________________________

______________________________________________

· ______________________________

______________________________________________

______________________________________________

**Das habe ich bisher ausprobiert.**

**Mit welchem Ergebnis?**

**Diese anderen Ideen habe ich. Das könnte ich anders machen.**

## 7. Der Besserwisser

Zur Erinnerung:

**Daran erkenne ich diesen Typ!**

- „Ich weiß alles und alles besser!" Dieses Bild vermittelt er seiner Umwelt!
- Er ist rechthaberisch und nimmt sich selber sehr wichtig.
- Er macht keine Kompromisse.
- Er lässt nur die eigene Meinung gelten.

**Wer aus meinem Freundes-, Bekannten-, Verwandtenkreis oder aus meinem beruflichen Umfeld erinnert mich an diesen Typus? Warum?**

Das habe ich bisher ausprobiert.

Mit welchem Ergebnis?

Diese anderen Ideen habe ich. Das könnte ich anders machen.

## 8. Der ausschließlich Digitale

Zur Erinnerung:

**Daran erkenne ich diesen Typ!**

- Oft kennt er, vielleicht auf Grund seines Alters, nur die digitale Welt. Mit ihr ist er aufgewachsen und sehr vertraut.
- Alles andere ist ihm suspekt.
- Er kann nicht erkennen, dass auch das Althergebrachte seine positiven Seiten hat und das Neue gut ergänzen kann.
- Menschen, die sich mit der digitalen Welt nicht auskennen oder diese vielleicht aus Unkenntnis ablehnen, akzeptiert er nicht.

- Bei diesem Thema macht er keine Kompromisse.

**Wer aus meinem Freundes-, Bekannten-, Verwandtenkreis oder aus meinem beruflichen Umfeld erinnert mich an diesen Typus? Warum?**

- ______________________

______________________________________________

______________________________________________

- ______________________

______________________________________________

______________________________________________

- ______________________

______________________________________________

______________________________________________

- ______________________

______________________________________________

______________________________________________

**Das habe ich bisher ausprobiert.**

______________________________________________

**Mit welchem Ergebnis?**

**Diese anderen Ideen habe ich. Das könnte ich anders machen.**

## 9. Der Drohende

Zur Erinnerung:

**Daran erkennen ich diesen Typ!**

- Meistens hat er einen roten Kopf.
- „Gleich platze ich" lautet in diesem Fall die Drohung.
- Drohen kann laut oder auch leise sein. Oft: je leiser, desto gefährlicher!
- Drohen kann aus Stärke oder Schwäche heraus geschehen.
- Ganz typisch: „Das sage ich Ihrem Chef / Ihrer Frau / Ihrem Mann / anderen Kunden!"

**Wer aus meinem Freundes-, Bekannten-, Verwandtenkreis oder aus meinem beruflichen Umfeld erinnert mich an diesen Typus? Warum?**

Das habe ich bisher ausprobiert.

Mit welchem Ergebnis?

Diese anderen Ideen habe ich. Das könnte ich anders machen.

## 10. Der immer Eilige

Zur Erinnerung:

**Daran erkenne ich diesen Typ!**

- Er hat es eilig! Vielleicht ist das einmalig, aber vielleicht ist es bei ihm oft so.
- Wenn an der Kasse eine Warteschlange steht, rennt er zur ersten Person in der Reihe und fragt, ob er vor darf. Vielleicht aber drängelt er sich nur vor und fragt vorher nicht.
- Für seine Eile hat er eine Begründung, die oftmals nichts mit ihm zu tun hat: „Eine Konferenz, wartende Kinder, Hund im Auto, Parken in der Verbotszone, Wecker hat morgens nicht geklingelt, Auto ist nicht angesprungen, der Bus war unpünktlich." Seine Argumente können stimmen, müssen es aber nicht.

**Wer aus meinem Freundes-, Bekannten-, Verwandtenkreis oder aus meinem beruflichen Umfeld erinnert mich an diesen Typus? Warum?**

- 

- 

- 

- 

**Das habe ich bisher ausprobiert.**

**Mit welchem Ergebnis?**

**Diese anderen Ideen habe ich. Das könnte ich anders machen.**

## 11. Der Immigrant

Zur Erinnerung:

**Daran erkenne ich diesen Typ!**

- Einige Immigranten sind auf den ersten Blick zu erkennen. Sie sehen fremdländisch aus, kleiden sich anders als wir es tun und sprechen eine andere Sprache. Andere Immigranten unterscheiden sich auf den ersten Blick kaum.
- Die Werte aber sind oft anders und genauso die Verhaltensregeln. Das Verhalten erscheint uns manchmal seltsam.
- Oft war zu wenig Zeit zum Umgewöhnen für ihn vorhanden. Wenn er sich überhaupt umgewöhnen kann und will.
- Achtung: Vor-urteile!

**Wer aus meinem Freundes-, Bekannten-, Verwandtenkreis oder aus meinem beruflichen Umfeld erinnert mich an diesen Typus? Warum?**

Das habe ich bisher ausprobiert.

Mit welchem Ergebnis?

Diese anderen Ideen habe ich. Das könnte ich anders machen.

## 12. Der Feilscher

Zur Erinnerung:

**Daran erkenne ich diesen Typ!**

- Selten ist er mit dem ersten Angebot einverstanden.
- Er will oder muss um den Preis handeln. Wenn er handeln muss, dann sieht man ihm meistens auch die Sorgen an.
- Wenn er Freude am Handeln hat, dann ist ihm die Begeisterung anzusehen! Denken Sie an Basare! Denken Sie auch an die Marktschreier vom Hamburger Hafen.

**Wer aus meinem Freundes-, Bekannten-, Verwandtenkreis oder aus meinem**

**beruflichen Umfeld erinnert mich an diesen Typus? Warum?**

·

·

·

·

**Das habe ich bisher ausprobiert.**

**Mit welchem Ergebnis?**

**Diese anderen Ideen habe ich. Das könnte ich anders machen.**

## 13. Der Gestresste

Zur Erinnerung:

**Daran erkennen ich diesen Typ!**

- Oft ist er hektisch, kurzatmig, schaut ständig auf die Uhr.
- Er erzählt, was er noch alles tun muss und dass er keine Zeit für andere Aktivitäten hat.
- Von dem, was SIE sagen, registriert er nur den Teil, der zu seiner Realität passt.
- Manchmal löst Stress auch Abwehrmechanismen aus, die für ihn untypisch sind. Dazu zählen: Schreien, Fluchen, andere Menschen beschimpfen.
- Für jeden ist Stress etwas völlig anderes!

**Wer aus meinem Freundes-, Bekannten-, Verwandtenkreis oder aus meinem beruflichen Umfeld erinnert mich an diesen Typus? Warum?**

·

·

**Das habe ich bisher ausprobiert.**

**Mit welchem Ergebnis?**

**Diese anderen Ideen habe ich. Das könnte ich anders machen.**

## 14. Der Ja-Sager

Zur Erinnerung:

**Daran erkenne ich diesen Typ!**

- Seine Körpersprache und die verbalen Aussagen passen nicht zusammen! So wirkt er nach außen.
- Obwohl er nickt, meint er NEIN!
- Oft bereut er während des Gesprächs bereits, dass er das Gespräch führt.
- Oft steckt die „Angst vor Liebesverlust“ dahinter. So nennt sich dieses Phänomen in der Psychologie.
- Vielleicht hat er immer wieder gehört: „Nur dann, wenn du immer JA sagst,

wirst du gern gehabt!" Oft wird diese Aussage in der Kindheit getroffen und für das Erwachsenenleben adaptiert.

**Wer aus meinem Freundes-, Bekannten-, Verwandtenkreis oder aus meinem beruflichen Umfeld erinnert mich an diesen Typus? Warum?**

· ____________________

______________________________________

______________________________________

· ____________________

______________________________________

______________________________________

· ____________________

______________________________________

______________________________________

· ____________________

______________________________________

______________________________________

**Das habe ich bisher ausprobiert.**

**Mit welchem Ergebnis?**

**Diese anderen Ideen habe ich. Das könnte ich anders machen.**

## 15. Der Klebrige

Zur Erinnerung:

**Daran erkenne ich diesen Typ!**

- Er ist anhänglich, ob Sie wollen oder nicht. Das Phänomen kennen Sie vielleicht schon aus Schulzeiten.
- Er bleibt bei Ihnen, auch wenn Sie alles mögliche versucht haben, um ihn loszuwerden.
- Je mehr Sie ihn loswerden wollen, umso stärker klammert er!
- Sie haben alles ausprobiert, was Ihnen einfällt. Ihre Wünsche sind ihm aber scheinbar egal. Zumindest verändert er sein Verhalten nicht.
- Auch Stalker können Klebrige sein.

**Wer aus meinem Freundes-, Bekannten-, Verwandtenkreis oder aus meinem beruflichen Umfeld erinnert mich an diesen Typus? Warum?**

**Das habe ich bisher ausprobiert.**

**Mit welchem Ergebnis?**

**Diese anderen Ideen habe ich. Das könnte ich anders machen.**

## 16. Der Kombinationstyp

Zur Erinnerung:

**Daran erkenne ich diesen Typ!**

- Er hat von jedem Typ etwas.
- Kaum sind Sie auf den einen Aspekt seiner Persönlichkeit eingegangen, erleben Sie den nächsten Aspekt.
- In ihm sind gleich mehrere schwierige Typen vereint.

- Egal, was Sie tun, Sie erfassen nur einen Teil seiner Persönlichkeit.
- Es kommt Ihnen vor, als würden Sie jonglieren.

**Wer aus meinem Freundes-, Bekannten-, Verwandtenkreis oder aus meinem beruflichen Umfeld erinnert mich an diesen Typus? Warum?**

·

·

·

·

**Das habe ich bisher ausprobiert.**

**Mit welchem Ergebnis?**

**Diese anderen Ideen habe ich. Das könnte ich anders machen.**

## 17. Der Leidende

Zur Erinnerung:

**Daran erkenne ich diesen Typ!**

- Schon an seiner Körperhaltung und seinem Gang lässt sich sein Leiden erkennen.
- Egal, wie die Situation von außen aussieht, für ihn ist fast immer alles schrecklich. So fühlt er sich und so spricht er auch.
- Typische Aussage: „Ich weiß gar nicht, warum ich immer so bestraft werde." Verantwortlich für diese Strafe ist übrigens die Welt. Nicht er.
- Für ihn ist der Grund, der für sein Leiden sorgt, Realität.
- Es ist kein Leiden durch Krankheit oder andere Veränderungen.

**Wer aus meinem Freundes-, Bekannten-, Verwandtenkreis oder aus meinem beruflichen Umfeld erinnert mich an diesen Typus? Warum?**

**Das habe ich bisher ausprobiert.**

**Mit welchem Ergebnis?**

**Diese anderen Ideen habe ich. Das könnte ich anders machen.**

## 18. Der Misstrauische

Zur Erinnerung:

**Daran erkennen ich diesen Typ!**

- Er geht davon aus, dass ihn die meisten Menschen betrügen.
- Hinter jeder Ecke erwartetet er eine Bedrohung und möchte sich darauf einstellen.
- Er möchte nicht überrascht werden.

- Ihm gibt es Sicherheit immer vom Schlechtesten auszugehen. Das hat er mit dem Pessimisten gemeinsam.
- Er beklagt sich oft über die Schlechtigkeit der anderen Menschen und der Welt.

**Wer aus meinem Freundes-, Bekannten-, Verwandtenkreis oder aus meinem beruflichen Umfeld erinnert mich an diesen Typus? Warum?**

.

.

.

.

**Das habe ich bisher ausprobiert.**

**Mit welchem Ergebnis?**

**Diese anderen Ideen habe ich. Das könnte ich anders machen.**

## 19. Der immer Negative

Zur Erinnerung:

**Daran erkenne ich diesen Typ!**

- Er verkörpert die gesteigerte Form des Pessimisten.
- Für ihn ist das Glas immer halb leer. Er empfindet das Leben für sich als gut, wenn es nicht gut ist! Er persönlich empfindet diese Tatsache natürlich völlig anders als Sie.
- Selten lacht er oder ist selten albern. Für ihn ist alles immer schrecklich.
- Ihm gibt es Sicherheit, immer vom Schlechtesten auszugehen. Dann kann er nur positiv überrascht werden. Das nennt sich auch Zweckpessimismus.
- Eigentlich schimpft er ständig, über die Welt, sein Leben und andere Menschen.

**Wer aus meinem Freundes-, Bekannten-, Verwandtenkreis oder aus meinem beruflichen Umfeld erinnert mich an diesen Typus? Warum?**

**Das habe ich bisher ausprobiert.**

**Mit welchem Ergebnis?**

______________________________________________________

______________________________________________________

______________________________________________________

______________________________________________________

______________________________________________________

______________________________________________________

**Diese anderen Ideen habe ich. Das könnte ich anders machen.**

______________________________________________________

______________________________________________________

______________________________________________________

______________________________________________________

______________________________________________________

______________________________________________________

## 20. Der Neidische

Zur Erinnerung:

**Daran erkenne ich diesen Typ!**

- Selbstbild: „Alle anderen Menschen haben es besser als ich!" Sie sind schöner, werden bevorzugt und haben mehr Geld und Erfolg. Oft steckt Eifersucht dahinter oder der Zweifel an seinem Talent.
- Er sagt von sich, dass er wertlos ist. Zumindest seinen engen Freunden verrät er das. So empfindet er sich auch selber.
- Oft ist er mürrisch, aggressiv und kritisiert alles und jeden - von außen betrachtet ohne Grund.

**Wer aus meinem Freundes-, Bekannten-, Verwandtenkreis oder aus meinem beruflichen Umfeld erinnert mich an diesen Typus? Warum?**

· ______________________________

______________________________________________

______________________________________________

· ______________________________

______________________________________________

______________________________________________

· ______________________________

______________________________________________

______________________________________________

· ______________________________

______________________________________________

**Das habe ich bisher ausprobiert.**

**Mit welchem Ergebnis?**

**Diese anderen Ideen habe ich. Das könnte ich anders machen.**

## 21. Der Nörgler

Zur Erinnerung:

**Daran erkennen ich diesen Typ!**

- Sein Selbstverständnis: „Ich habe etwas auszusetzen. Dadurch bin ich wertvoll!"
- Sein Kommentar: „Ja, aber....". „Das Problem ist...!"
- Er erkennt sofort die Schwachstellen von einem Produkt, einer Dienstleistung oder einem Menschen und spricht das sofort (begeistert) an.
- Er findet das „Haar in der Suppe". D.h., auch wenn alles andere schön ist, findet er den einzigen, winzigen Makel.
- Er ist fast immer am Schimpfen und beklagt sich über die Ungerechtigkeit der Welt, die Nachbarn, die Kollegen, den Chef, oder.....

**Wer aus meinem Freundes-, Bekannten-, Verwandtenkreis oder aus meinem beruflichen Umfeld erinnert mich an diesen Typus? Warum?**

.

.

.

**Das habe ich bisher ausprobiert.**

**Mit welchem Ergebnis?**

______________________________________________

______________________________________________

______________________________________________

______________________________________________

______________________________________________

______________________________________________

**Diese anderen Ideen habe ich. Das könnte ich anders machen.**

______________________________________________

______________________________________________

______________________________________________

______________________________________________

______________________________________________

______________________________________________

## 22. Der Pessimist

Zur Erinnerung:

**Daran erkennen ich diesen Typ!**

- Für die Zukunft im Allgemeinen und für seine persönliche Zukunft sieht er

schwarz.

- Seine Erwartungen für die Zukunft empfindet er als realistisch und glaubt, dass alle anderen keine Ahnung haben, wenn sie die Sache positiv sehen.
- Fremde Argumente nimmt er übrigens nur ernst, wenn diese zu seinen Vorstellungen passen.

**Wer aus meinem Freundes-, Bekannten-, Verwandtenkreis oder aus meinem beruflichen Umfeld erinnert mich an diesen Typus? Warum?**

- ______________________________

______________________________________________________

______________________________________________________

- ______________________________

______________________________________________________

______________________________________________________

- ______________________________

______________________________________________________

______________________________________________________

- ______________________________

______________________________________________________

______________________________________________________

**Das habe ich bisher ausprobiert.**

**Mit welchem Ergebnis?**

**Diese anderen Ideen habe ich. Das könnte ich anders machen.**

## 23. Der immer Positive

Zur Erinnerung:

**Daran erkennen ich diesen Typ!**

- Egal was passiert, er scheint immer glücklich zu sein.
- Er ist nicht bereit, andere Aspekte für seinen Lebensweg überhaupt zu erörtern und negiert die Möglichkeit von Negativem.
- Er zeigt eine Form des positiven Denkens. Bei ihm allerdings ist diese verklärt und oft unrealistisch. Ihr persönlicher Eindruck: Sein positive Denken ist nur aufgesetzt und nicht echt.
- Die immer Positiven wollen die Realität nicht wahrnehmen und beschimpfen die, die ihnen die Lebenssituation realitätsnah schildern.

**Wer aus meinem Freundes-, Bekannten-, Verwandtenkreis oder aus meinem beruflichen Umfeld erinnert mich an diesen Typus? Warum?**

**Das habe ich bisher ausprobiert.**

**Mit welchem Ergebnis?**

Diese anderen Ideen habe ich. Das könnte ich anders machen.

## 24. Der Schuldner

Zur Erinnerung:

**Daran erkenne ich diesen Typ!**

- Er hat Schulden.
- Manche Schuldner verhalten sich aggressiv, manche aber verhalten sich zaghaft und verschüchtert.
- Oft schämt er sich, will es aber nicht zugeben.

- Seine Situation kann sich sehr unterschiedlich auswirken!
- Manche Schuldner verfallen in Depressionen und manche in wilden Aktionismus.

**Wer aus meinem Freundes-, Bekannten-, Verwandtenkreis oder aus meinem beruflichen Umfeld erinnert mich an diesen Typus? Warum?**

. ______________________________

. ______________________________

. ______________________________

. ______________________________

**Das habe ich bisher ausprobiert.**

**Mit welchem Ergebnis?**

**Diese anderen Ideen habe ich. Das könnte ich anders machen.**

## 25. Der Schüchterne

Zur Erinnerung:

**Daran erkennen ich diesen Typ!**

- Ständig wird er rot und bekommt eine noch rötere Gesichtsfarbe oder stammelt, wenn er etwas sagen möchte.
- Er nimmt keinen Blickkontakt auf, sondern schaut lieber nach unten auf den Fußboden.
- Er möchte nicht auffallen und nicht im Mittelpunkt stehen.
- Selten ergreift er von sich aus das Wort. Er ist still und wirkt unscheinbar. Er ist aber ein guter Zuhörer.
- Das, was er sagen möchte, hat er „auf der Zunge". Er kann es aber nicht aussprechen.
- Nach Meetings oder Feiern wissen die anderen Anwesenden oft nicht mit Gewissheit, ob dieser Typ da war.

**Wer aus meinem Freundes-, Bekannten-, Verwandtenkreis oder aus meinem beruflichen Umfeld erinnert mich an diesen Typus? Warum?**

**Das habe ich bisher ausprobiert.**

**Mit welchem Ergebnis?**

**Diese anderen Ideen habe ich. Das könnte ich anders machen.**

## 26. Der Schwätzer

Zur Erinnerung:

**Daran erkennen ich diesen Typ!**

- Auch bekannt als der Vielredner.
- Er erzählt ohne Punkt und Komma. Manchmal hört er noch nicht einmal auf zu reden, wenn Sie des öfteren „Stopp“ rufen.
- Sie hören ihn oft schon von weitem. Manche Schwätzer sind auch laut.
- Er kann sich über viele Themen unterhalten. Details kennt er aber selten.
- Vielleicht redet er so viel, um damit seine Unsicherheit zu verbergen. Das spüren Sie bei manchen.

**Wer aus meinem Freundes-, Bekannten-, Verwandtenkreis oder aus meinem beruflichen Umfeld erinnert mich an diesen Typus? Warum?**

. ____________________________________

______________________________________________________________

______________________________________________________________

. ____________________________________

______________________________________________________________

______________________________________________________________

. ____________________________________

______________________________________________________________

**Das habe ich bisher ausprobiert.**

**Mit welchem Ergebnis?**

**Diese anderen Ideen habe ich. Das könnte ich anders machen.**

## 27. Der Sorgenvolle

Zur Erinnerung:

**Daran erkenne ich diesen Typ!**

- Bereits an seiner sorgenvollen Miene, der angespannten Körperhaltung, den hängenden Schultern und seiner Sprache können Sie seine ständigen Sorgen erkennen.
- Er ist oft traurig, nicht lustig oder unbefangen. Warum sollte er auch lustig sein, wo die Welt nur schmerzvolle Erfahrungen für ihn bereit hält? Zumindest empfindet er so.
- Der Sorgenvolle ist mit dem Pessimisten verwandt. Allerdings macht er sich zusätzlich noch Sorgen und erwartet nicht „nur" das Schlimmste.

**Wer aus meinem Freundes-, Bekannten-, Verwandtenkreis oder aus meinem beruflichen Umfeld erinnert mich an diesen Typus? Warum?**

·

·

·

·

**Das habe ich bisher ausprobiert.**

**Mit welchem Ergebnis?**

**Diese anderen Ideen habe ich. Das könnte ich anders machen.**

## 28. Der Toxische

Zur Erinnerung:

**Daran erkenne ich diesen Typ!**

- Sein schreckliches Verhalten bietet viele Varianten: Schreien, Sie verbal angreifen, völlig unzuverlässig sein, usw. Auf jeden Fall fühlen Sie sich ihm hilflos ausgeliefert und wissen oft nicht, was Sie noch tun sollen.
- Alle Vorschläge von Ihnen lehnt er ohne jegliche Prüfung ab.
- Mit dem wirklich toxische Kunden/Mitmenschen lässt sich nicht sprechen oder verhandeln.
- Vielleicht aber hat dieser Mensch nur einen schlechter Tag!

**Wer aus meinem Freundes-, Bekannten-, Verwandtenkreis oder aus meinem beruflichen Umfeld erinnert mich an diesen Typus? Warum?**

**Das habe ich bisher ausprobiert.**

**Mit welchem Ergebnis?**

**Diese anderen Ideen habe ich. Das könnte ich anders machen.**

## 29. Der Traditionalist

Zur Erinnerung:

**Daran erkenne ich diesen Typ!**

- Unabhängig vom Alter ist Tradition für ihn wichtig.
- „Früher war alles besser!", sagt, denkt und fühlt er.
- „Nur Bewährtes hat eine gute Qualität!" So ist seine Devise.
- Alles Neumodische ist ihm suspekt. Als Neumodisch bezeichnet er alles, was er nicht kennt oder was sich in seinen Augen noch nicht bewährt hat.

**Wer aus meinem Freundes-, Bekannten-, Verwandtenkreis oder aus meinem beruflichen Umfeld erinnert mich an diesen Typus? Warum?**

- 

- 

- 

- 

**Das habe ich bisher ausprobiert.**

**Mit welchem Ergebnis?**

**Diese anderen Ideen habe ich. Das könnte ich anders machen.**

## 30. Der Unentschlossene

Zur Erinnerung:

**Daran erkenne ich diesen Typ!**

- Man sieht ihm die Qual der Wahl an.
- Er läßt sich vieles zeigen, kann sich aber nicht entscheiden.
- Lieber trifft der Unentschlossene keine Entscheidung, als eine falsche. Er sieht viele mögliche Wege.
- Es sind die Kollegen, die viel zu lange mit ihrer eigenen Entscheidung warten. Oftmals, bis der Termin vorbei ist. Aber die Entscheidungen von anderen kritisieren sie gerne.

**Wer aus meinem Freundes-, Bekannten-, Verwandtenkreis oder aus meinem beruflichen Umfeld erinnert mich an diesen Typus? Warum?**

**Das habe ich bisher ausprobiert.**

**Mit welchem Ergebnis?**

Diese anderen Ideen habe ich. Das könnte ich anders machen.

## 31. Der Unkooperative

Zur Erinnerung:

**Daran erkennen ich diesen Typ!**

- Der Abschluss ist getan. Die Unterschrift unter dem Vertrag ist trocken - wie es früher hieß.
- Danach aber tut dieser Typ nichts mehr!
- Auf Ihre Kontaktversuche per Mail oder Telefon reagiert er nicht.
- Er lässt sich verleugnen. Sie erreichen ihn selbst dann nicht, wenn Sie sich ge-

nau an die verabredete Uhrzeit oder andere Vereinbarungen halten. Sie fragen sich: „Werde ich freundlich abgewimmelt, weil er das veranlasst hat?“

- Sie wissen nicht mehr, was Sie noch tun sollen.
- Er hindert Sie daran, Ihre eigene Arbeit zu vollenden.

**Wer aus meinem Freundes-, Bekannten-, Verwandtenkreis oder aus meinem beruflichen Umfeld erinnert mich an diesen Typus? Warum?**

**Das habe ich bisher ausprobiert.**

**Mit welchem Ergebnis?**

**Diese anderen Ideen habe ich. Das könnte ich anders machen.**

## 32. Der Unzuverlässige

Zur Erinnerung:

**Daran erkenne ich diesen Typ!**

- Auf ihn ist kein Verlass!
- Mit seinem Verhalten bringt er Sie in Schwierigkeiten.
- Das, was er zusagt, hält er nicht immer ein.
- Auch zeitliche Zusagen meint er zwar ernst, aber oft kommt ganz kurzfristig etwas dazwischen. Zumindest sagt er das!
- Sie fragen sich: „Soll ich ihm vertrauen, oder nicht?"

**Wer aus meinem Freundes-, Bekannten-, Verwandtenkreis oder aus meinem beruflichen Umfeld erinnert mich an diesen Typus? Warum?**

**Das habe ich bisher ausprobiert.**

**Mit welchem Ergebnis?**

**Diese anderen Ideen habe ich. Das könnte ich anders machen.**

## 33. Der Zerstreute

Zur Erinnerung:

**Daran erkennen ich diesen Typ!**

- Eine Beschreibung für uns Menschen ist: „Mit dem Kopf im Himmel und mit den Füßen auf der Erde“. Der Zerstreute allerdings steht oft nicht mit

den Füßen auf der Erde.

- Er wirkt „verpeilt“ und nicht ganz von dieser Welt.
- Typ: zerstreuter Professor
- Für andere ist keine durchgängige Logik in seinem Tun oder in seinen Aussagen erkennbar. Am nächsten Tag kann für ihn alles wieder ganz anders sein.
- Er fängt etwas an und beginnt schon mit dem nächsten Projekt, obwohl das erste noch gar nicht abgeschlossen ist. Dadurch sammelt er viele unvollendete Handlungsabläufe in seinem Leben. Diese kosten Energie. Auch deshalb ist er oft müde.
- Meistens sucht er irgendetwas, weil er nicht mehr weiß, wo er es liegen oder stehen gelassen hat.

**Wer aus meinem Freundes-, Bekannten-, Verwandtenkreis oder aus meinem beruflichen Umfeld erinnert mich an diesen Typus? Warum?**

- ______________________________

- ______________________________

- ______________________________

**Das habe ich bisher ausprobiert.**

**Mit welchem Ergebnis?**

**Diese anderen Ideen habe ich. Das könnte ich anders machen.**

## 34. Der immer Zielstrebige

Zur Erinnerung:

**Daran erkennen ich diesen Typ!**

- Für ihn zählt der Wettkampf, den er immer gewinnen will! Das ist sein Ziel.
- Er versteht und merkt nicht, dass andere Menschen keine Lust auf ständige Wettkämpfe haben.
- Für ihn ist es wichtig, sein Ziel zu erreichen. Wie er dort hinkommt, ist ihm egal!
- Er registriert oft auch nicht, wenn sich die Umstände geändert haben und sich dadurch sein Ziel verändern sollte.

**Wer aus meinem Freundes-, Bekannten-, Verwandtenkreis oder aus meinem beruflichen Umfeld erinnert mich an diesen Typus? Warum?**

**Das habe ich bisher ausprobiert.**

**Mit welchem Ergebnis?**

**Diese anderen Ideen habe ich. Das könnte ich anders machen.**

## 35. Die Zicke

*Natürlich gibt es auch männliche Zicken*

Zur Erinnerung:

**Daran erkenne ich diesen Typ!**

- Ihr Selbstverständnis ist: „Ich bin die Beste und kein anderer ist so gut wie ich!".
- Sie verhält sich dominant und grenzüberschreitend.
- Ihre Äußerungen sind frech und schnippisch..
- Verantwortung für ihr Verhalten zu tragen, lehnt sie ab: „Dafür kann ICH doch nichts! Wenn SIE das nicht geregelt bekommen..."

**Wer aus meinem Freundes-, Bekannten-, Verwandtenkreis oder aus meinem beruflichen Umfeld erinnert mich an diesen Typus? Warum?**

.
______________________________

____________________________________________________

____________________________________________________

.
______________________________

____________________________________________________

____________________________________________________

.
______________________________

____________________________________________________

____________________________________________________

**Das habe ich bisher ausprobiert.**

**Mit welchem Ergebnis?**

**Diese anderen Ideen habe ich. Das könnte ich anders machen.**